C.H.BECK ✛ WISSEN

«[...] In der Dauer seines Glücks wurde er bisweilen von Schlägen getroffen, vom Exil, vom Untergang der Partei, für die er gestanden hatte, vom Tod seiner Tochter, von seinem eigenen schrecklichen und bitteren Ende. Nichts von diesen Widerwärtigkeiten ertrug er so, wie es sich für einen Mann gehört hätte – bis auf seinen Tod. [...] Wenn man aber Tugenden und Fehler abwägt, dann war er doch ein großer und denkwürdiger Mann. Und um ihn recht zu loben, hätte man einen Cicero als Lobredner gebraucht.» Wenn man, wie Livius in seinem knappen Nachruf auf Cicero konstatiert, eigentlich Cicero selbst gebraucht hätte, um diesen bedeutenden Staatsmann, Redner und Philosophen der Antike angemessen zu würdigen, so hat der Verlag C.H.Beck freudig und dankbar die Gelegenheit genutzt, mit Wilfried Stroh einen der international besten Kenner Ciceros und seiner Werke als Autor dieser kleinen Biographie zu gewinnen, der für diese Aufgabe wohl fast so gut geeignet ist wie sein Protagonist.

Wilfried Stroh ist emeritierter Ordinarius für Klassische Philologie an der Ludwig-Maximilians-Universität München. Schwerpunkte seiner Forschungstätigkeit im Bereich der antiken Literatur bilden Rhetorik und Erotik und insbesondere die Werke Ovids und Ciceros; besonderes Interesse widmet er ferner der Metrik und dem Neulateinischen. Darüber hinaus engagiert er sich für den Erhalt des Lateinischen als gesprochener und gesungener Sprache.

Wilfried Stroh

CICERO

Redner · Staatsmann · Philosoph

Verlag C.H.Beck

Gratiarum actio

Ad hunc libellum conscribendum Stephanus a Laribus (sive von der Lahr) rerum antiquarum peritissimus ingenua hilaritate sua me impulit. Qui etiam quae scripseram diligenter retractavit omnemque linguae redundantiam tamquam novus Molo (v. p. 85) in terminos praescriptos paucissimarum paginarum coartavit. Adiuvabatur autem a mulieribus doctissimis Andrea Morgan Frisingensi et Vanda Loewe Berolinensi, quae etiam indicem confecit. His maximas gratias pro oleo impenso et opera ago. Profuerunt non nihil etiam ea quae de Cicerone mecum per litteras communicavit Carolus Henricus Paqué collega Magdeburgensis vir ipse in media re publica strenue versatus, qui nunc cohorti Liberalium (sive FDP) in senatu Saxoniae Anhalt praepositus est. Amplissimam autem gratiam debeo Katharinae Kagerer, quae me a plurimis erroribus mentis mendisque sermonis feliciter revocavit.

Dedico autem hoc quodcumque est Edittae amicae fideli, quae me his mensibus praeteritis Ciceroni nimis vacantem mira toleravit patientia.

1. Auflage. 2008
2., durchgesehene Auflage. 2010

3., durchgesehene Auflage. 2016

Originalausgabe
© Verlag C. H. Beck oHG, München 2008
Gesamtherstellung: Druckerei C.H.Beck, Nördlingen
Umschlagmotiv: Cicero, Gipsabguss einer Originalstatue Rom,
Museo della Città, © akg-images/Bildarchiv Steffens
Umschlagentwurf: Uwe Göbel, München
Printed in Germany
ISBN 978 3 406 56240 2

www.beck.de

Inhalt

Einleitung
Cicero und sein Lebensplan

In der großen literarischen Hinterlassenschaft der Antike steht der Name Ciceros, der im letzten Jahrhundert der römischen Republik gelebt hat (106–43 v. Chr.), geradezu einzig da. Man hat es oft schon ausgesprochen: Kein anderer Mensch bis vielleicht ins 16. Jahrhundert ist uns so gut bekannt wie er. Aus seinen etwa fünfzig erhaltenen Reden – schon dem Umfang nach ein unvergleichbares Corpus – kennen wir ihn nicht nur als brillanten Prozessanwalt, sondern auch als oft maßgeblichen Politiker, der etwa in seinem Consulat einen bedrohlichen Putschplan aufgedeckt und am Ende seines Lebens, wenn auch unabsichtlich, dem späteren Kaiser Augustus den Weg zur Macht gebahnt hat. Aus seinen Schriften zur Rhetorik sehen wir, wie er, mehr als jeder bekannte Redner, auch theoretisch mit den Problemen von Sprache und Menschenführung gerungen hat. Die umfangreichen philosophischen Werke, mit denen überhaupt eine diskursive Literatur in lateinischer Sprache beginnt, zeigen seine lebenslange, tiefdringende Beschäftigung mit den griechischen Denkern. Dazu kam einmal seine Selbstdarstellung in poetischen Werken, die nun allerdings fast ganz verloren sind. Aber auch jetzt noch bestaunen wir das schlechtweg einzigartige Porträt, das er uns in seinen fast achthundert Briefen hinterlassen hat: Viele davon sind Teil seines politischen Wirkens, aber mehr als die Hälfte geht an Verwandte und Freunde, besonders an seinen Intimfreund Atticus – und gerade diese Briefe geben uns einen oft schonungslos genauen Einblick in Ciceros Denken und Fühlen.

Ciceros Vielgestaltigkeit

Auch wenn wir ganz absehen von den zahlreichen sonstigen Zeugnissen über Cicero, den etwa hundert an ihn adressierten Briefen z. T. prominentester Zeitgenossen und den ausführlichen Nachrichten bei späteren Historikern wie Sallust, Plutarch, Sueton, Appian und Dio Cassius, sind allein Ciceros eigene Werke von einer für den Einzelnen kaum zu überblickenden Größe und Vielgestaltigkeit. Und so tut man niemandem Unrecht, wenn man feststellt, dass er bis heute seinen adäquaten Biographen bzw. Monographen noch nicht gefunden hat. Einen sprechenden Beleg dafür gibt der 1939 erschienene Artikel «M. Tullius Cicero» aus der gewaltigen *Realencyclopädie der classischen Altertumswissenschaft*. Anders als bei anderen Größen des Altertums war es hier nicht möglich, einen einzelnen kompetenten Bearbeiter zu finden. Man parzellierte also Cicero in 1. den «Politiker», der von einem prominenten Althistoriker gewürdigt wurde; 2. die «Rhetorischen Schriften», pflichtgemäß bearbeitet von einem der Bandherausgeber, einem Polyhistor, 3. die «Philosophischen Schriften», deren sich ein Spezialist für hellenistische Philosophie annahm, und schließlich 4. die «Briefe», die man nebst «Fragmenten» einem jungen, ehrgeizigen Latinisten anvertraute. Und dabei hatte man noch das Beste und Berühmteste glatt vergessen: die Reden! Sie waren vom Historiker im Rahmen der Politik nur gerade so mitbehandelt worden.

Kann uns dieser vielgestaltige Cicero mehr sein als die Summe seiner so diversen Handlungen und Werke? Worin eigentlich liegt der Hauptmotor seiner wahrhaft rastlosen Tätigkeit? Er selbst bekennt, dass ihn von klein auf der Satz des homerischen Achill geleitet habe: «Immer der erste zu sein und vorzustreben vor andern». Das erklärt aber noch nicht die Richtung dieses «Vorstrebens». War er ein Intellektueller, der sich auf Grund fehlgeleiteten Ehrgeizes in die Politik verirrt hatte? So hat man oft gedacht. Oder umgekehrt ein Vollblutpolitiker, der nur dann, wenn seine Aktivität gelähmt war, auf theoretische Schriftstellerei auswich? Auch so hat man ihn schon dargestellt. Oder war er gar, wie sein leidenschaftlichster Verächter, Theodor Mommsen, dekretierte, «so durchaus Pfuscher, daß es ziemlich einerlei war, welchen Acker er pflügte»?

Die Einheit des Platonikers Cicero

Es lohnt sich, meine ich, um den Kern von Ciceros Wirken zu verstehen, bei ihm selbst anzufragen. Da gibt er uns, was das Verhältnis von Politik, Rhetorik und Philosophie angeht, schon sehr früh eine klare Antwort, die für sein ganzes Leben Gültigkeit gehabt zu haben scheint. Um es kurz zu sagen: Cicero verstand sich vor allem als Philosoph, für den aber die politische Tätigkeit ein notwendiger Aspekt dieser Philosophie und die Rhetorik ein ebenso notwendiges Werkzeug war. Wir können es noch kürzer formulieren: Vor allem sah er sich als ein politischer Platoniker.

Lesen wir den Text, den der knapp Fünfundzwanzigjährige zur Einleitung eines Rhetoriklehrbuchs, *De inventione*, seines ersten Werks (s. S. 18), verfasst hat. Hier stellt er sich ein schönes Schulaufsatzthema: Hat die Redekunst, *eloquentia*, den Menschen eigentlich mehr Nutzen oder Schaden gebracht? Und er gibt eine Antwort, die ziemlich banal scheint: nämlich dass die *eloquentia*, wenn mit Weisheit (*sapientia*) verbunden, nützlich sei, ohne diese dagegen Schaden bringe.

Aber dann liefert Cicero zur Illustration eine Art Kulturgeschichte der Rhetorik, die, soweit wir sehen, neu und aufregend ist. Sie beginnt mit einem Urzustand der Menschheit, wo alle Menschen noch in tierischer Rohheit lebten: Da galt das Recht des Stärkeren; es gab weder Familien noch Städte ... – Dann aber muss es einen weisen Mann gegeben haben, sagt Cicero, der die Menschen dazu brachte, Ehen zu schließen, Städte zu gründen, kurzum sich zu zivilisieren. Freilich, bloße Weisheit hätte dieses Werk der Gesittung nicht erreichen können, wenn sie nicht mit der Redekunst, der Fähigkeit zu überreden und zu überzeugen, verbunden gewesen wäre.

Und so treten wir nun ein in eine glückliche Epoche der Menschheit, wo an der Spitze der Städte weise Männer standen, die ihre Untertanen zu deren Nutzen mit *eloquentia* regierten. Natürlich kümmerten sich diese großen Staatsmänner und Redner nicht um kleinere Rechtshändel. Dafür gab es andere, bescheidenere Geister, Advokaten, die ausschließlich mit Rhetorik befasst waren, ohne zugleich auch nach Weisheit zu streben. Da nun aber diese Advokaten vor Gericht oft siegreich waren, wurden sie übermütig, überschätzten sich, und schließlich gelang es ihnen, mit Hilfe ihrer Redekunst an die politische Macht zu kommen und die bisher regierenden Weisen zu verdrängen.

Diese zogen sich nun, halb schmollend, halb zufrieden, aus der turbulenten Politik ins Privatleben zurück und widmeten sich den Wissenschaften. Welch ein Fehler! Gerade sie hätten sich doch um die Politik kümmern müssen, um diese nicht den windigen Advokaten zu überlassen! War also alles verdorben? Nicht ganz. Zum Glück gab es, so Cicero, in neuerer Zeit wenigstens einige Römer, die diesen Fehler vermieden und höchste Tugend mit Redekunst verbunden haben: Cato, Scipio und andere. Diesen Vorbildern müsse man folgen. Und gerade weil die Redekunst von vielen Schlechten missbraucht werde, sich umso mehr um sie bemühen.

Wie kommt Cicero auf diese eigenartige Geschichte der Rhetorik, und woran denkt er konkret? Bei näherem Zusehen bemerkt man schnell, dass die erzählte Geschichte so nur auf die Griechen passt, wenigstens einigermaßen. Bei diesen gab es sagenhafte Gesetzgeber der Urzeit, wie Minos auf Kreta, Lykurg in Sparta, Theseus in Athen. Auch die weisen Herrscher, die dort gefolgt sein sollen, lassen sich identifizieren: Im Auge haben dürfte Cicero vor allem die berühmten «Sieben Weisen» (im 7.–6. Jh.), die fast alle regierende Politiker waren. Bei den Winkeladvokaten, die sich schließlich zur Macht aufschwingen, denkt Cicero dann wohl vor allem an die sizilianischen Rhetoriker Korax und Teisias (5. Jh. v. Chr.) sowie an die sogenannten attischen Redner des 5. und 4. Jahrhunderts: Letztere waren alle von Hause aus Gerichtsredner, die von dort in die Politik kamen.

Und die Weisen, die sich aus der Politik zu Privatstudien zurückziehen? Ihr Prototyp muss natürlich Sokrates sein. Er, der nach Ciceros Meinung Vater fast aller späteren Philosophenschulen ist, war ja nie im engeren Sinn politisch tätig. Und aus Platons Dialog *Gorgias* ergab sich auch klar, warum er die damalige Politik ablehnte: Die Rhetorik der beliebten Politiker war für ihn eine schiere «Schmeichelei» (*kolakeia*), nur auf das Wohlgefallen, nicht das wahre Wohl der Menschen berechnet. Ebendieses Wort übersetzt Cicero, wenn er die falsche, ohne Weisheit agierende Redekunst als eine Art *commoditas* («Gefälligkeit») bezeichnet.

Platon galt in der Antike, mit einem gewissen Recht, als prominentester Feind der Rhetorik, eben wegen seines *Gorgias*. So hat man in der Forschung nie gesehen, wie viel Platonisches trotzdem in Ciceros Mahnung zur Rhetorik steckt. Dies gilt vor allem für den Zielgedanken der ganzen Darlegung. Wenn nämlich Cicero fordert, dass die Menschen, die mit höherer Einsicht begabt sind, die Redekunst studieren, um dadurch zum Nutzen aller zu herrschen, dann ist dies doch kaum etwas anderes als der Kerngedanke von Platons Hauptwerk, dem «Staat» (*Politeia*), wo es heißt: Dann erst würden «die Staaten, ja wohl gar das Menschengeschlecht zur Ruhe kommen», wenn entweder die Philosophen Könige oder die Könige Philosophen würden und «beides, politische Macht und Philosophie, zusammenfiele». (Die Rhetorik, die Platon in diesem Zusammenhang in der Tat nicht erwähnt, ist für Cicero ja nur das notwendige, auch von Platon für letztlich legitim gehaltene Mittel, um Macht auszuüben.)

Man hat gelegentlich nach der philosophischen Quelle von Ciceros Darlegungen gefragt und dabei auf Zeitgenossen wie Ciceros akademischen Lehrer Philon (S. 16) oder den Stoiker Poseidonios geraten. Das kann für das Ganze nicht richtig sein. Wie alle Philosophen dieser Zeit waren sie allein Männer der Studierstube und des Hörsaals, keine Politiker. Hätten sie die Botschaft von Cicero vertreten, hätten sie sich den schlimmsten Vorwurf zugezogen, der antike Philosophen treffen konnte: dass ihr Leben nicht der Lehre entspreche. Anders beim jungen Cicero, der ja drauf und dran ist, Politiker zu werden. Auch wenn manche griechische Gedanken in Ciceros Geschichtskonstruktion eingegangen sind: Die Hauptidee kann nur von ihm stammen. Es ist sein eigener Lebensplan, den er hier aufstellt: *Er* will offenbar mit Hilfe der Rhetorik ein Politiker im Sinne Platons werden.

Ist er diesem Vorsatz treu geblieben? In seinen Reden und Briefen spricht er in der Regel kaum ausdrücklich von Philosophie; gleichwohl sind deren Gedanken vielerorts zu spüren: «Als wir am wenigsten zu philosophieren schienen, taten wir es am meisten», schreibt er am Ende seines Lebens. Für die Fortdauer seines platonischen Vorsatzes zeugt vor allem sein Appell an Bruder Quintus, sich, wie er selbst, als Philosophenkönig im Sinne Platons zu bewähren (S. 42), dann auch das Prooemium zu *De re publica* (Vom Staat), wo es heißt, dass richtige Politik nichts anderes sei als angewandte Philosophie (S. 59, vgl. S. 63); zur selben Zeit beruft er sich zur Rechtfertigung seiner konkreten Politik auf Platon (S. 53). Was diese Grundhaltung angeht, lässt er neben sich nur noch Cato Uticensis, Caesars gewichtigsten Gegenspieler (S. 75), gelten: «Wir beiden haben als so gut wie die Einzigen jene wahre und alte Philosophie (gemeint: die Philosophie Platons), die für manche eine Sache nur fauler Muße ist, auf das Forum und in die Politik, ja geradezu aufs Schlachtfeld selbst gebracht.» Und er ist am Ende des Lebens mit sich zufrieden: «Wenn alle Vorschriften der Philosophie Bezug auf das Leben haben, dann glaube ich, in Politik und Privatleben das geleistet zu haben, was Vernunft und Wissenschaft forderten.»

Noch expliziter als diese Zeugnisse ist ein Ausspruch, den Ciceros erster Biograph, Plutarch, überliefert: «Oft bat er seine Freunde, sie sollten ihn nicht Redner, sondern Philosophen nennen. Denn die Philosophie habe er sich als Aufgabe (*ergon*) gewählt, die Redekunst aber verwende er als Werkzeug (*organon*), wenn er im Hinblick auf die Bedürfnisse Politik mache.» Plutarch, der meint, dass Cicero diesem Anspruch des Philosophen nicht immer genügt habe, hat dennoch, weil selber Platoniker, wenigstens das platonische Anliegen Ciceros gewürdigt: Er habe in seinem Consulat «für Platon Zeugnis abgelegt, der geweissagt hatte, dann würden die Städte von Leiden erlöst sein, wenn große Macht und Einsicht, dank einem guten Zufall, vereint mit

Gerechtigkeit zusammenkommen». Keinen Satz all seiner Biographen hätte Cicero so gerne gelesen wie diesen.

Nach dem Gesagten ist ungefähr klar, wie in dem vorliegenden Büchlein, das keine Cicerobiographie ersetzen, nur gerade skizzieren kann, die Akzente gesetzt sein sollen. Ich möchte Cicero auf engstem Raum so umfassend wie möglich darstellen und dabei vor allem das betonen, was sonst in den Darstellungen zurücktritt und doch das ganz Besondere an Cicero ausmacht: seine lebenslange und lebenspraktische Auseinandersetzung mit der griechischen Philosophie und, damit untrennbar verbunden, seine einzigartige Leistung als «Vater der lateinischen Literatur» (Plinius d. Ä.).

Im Interesse des Umfangs und einer flüssigen Lektüre wird auf die explizite Auseinandersetzung mit der gelehrten Forschung, der ich vieles verdanke, verzichtet, auch auf den genauen Nachweis der Quellen bzw. Fundstellen. Dafür sollen einige Literaturhinweise entschädigen.

I. Der Aufstieg (106–64 v. Chr.)

Am 3. Januar 106 v. Chr. wurde Marcus Tullius Cicero im Landstädtchen (*municipium*) Arpinum geboren, etwa 100 Kilometer südöstlich von Rom. *Cicero*, wie wir ihn nennen, war der gemeinsame Beiname der ganzen Familie in Arpinum, durch den sie sich von anderen *Tullii* unterschied. Der Vater war ein begüterter Grundbesitzer, dank seinem Vermögen römischer Ritter (*eques*), der aber nicht zur eigentlichen Nobilität, zum römischen Amtsadel, gehörte: Keiner aus der Familie hatte es bisher zu höheren Staatsämtern gebracht. Die beiden Söhne, Marcus und der jüngere Quintus, würden es also, falls sie die politische Karriere einschlagen sollten, als *homines novi* («Newcomers») schwer haben. Aber doch dürfte ebendies geplant gewesen sein; es bestanden ja auch manche gute Beziehungen der Familie zu vornehmen Römern, wie dem berühmten L. Licinius Crassus. Ciceros Vater hatte auch ein Haus in Rom; und dort vor allem dürften die Söhne des kränklichen, aber literaturbeflissenen Mannes die sorgfältige Ausbildung genossen haben, für die Cicero zeitlebens dankbar war.

Lehrjahre

Nach der elementaren Unterweisung im Schreiben, Lesen und Rechnen begann die höhere Bildung mit dem Sprach- und Lektüreunterricht beim Philologen (*grammaticus*), sowohl in lateinischer als auch in griechischer Sprache, die damals ebenso Weltsprache war wie heute Englisch. In Latein mussten die 350 Jahre alten Zwölftafelgesetze auswendig gelernt werden; dann studierte man die alten Dichter, natürlich besonders die populären Dramatiker, deren Letzten, den Tragiker Lucius Accius, Cicero noch persönlich kennen lernte. Dieser poetische Lateinunterricht blieb bei dem immer auf schöpferische Produktion gerichteten Cicero nicht ohne Folgen. In der auf den Tod des Accius, Ende der 80er-Jahre, folgenden mageren Periode der lateinischen Poesie galt tatsächlich er selbst nach allem, was wir erfahren, als der führende Dichter Roms. Vor allem ein in frühen Jahren verfasstes Epos *Marius* zu Ehren des Nationalhelden, der wie Cicero *homo novus* war, geriet ihm so gut, dass ein prominenter Kenner, Q. Mucius Scaevola, dem Gedicht ewigen Ruhm «in unzähligen Jahrhunderten» verhieß. Das war denn doch ein Irrtum: Nur ein paar Verse sind übrig.

Ebenso wichtig war wohl die erste Begegnung mit der griechischen Literatur, die dem jungen Cicero vor allem ein Dichter namens Archias vermittelt hat. In einer später gehaltenen Rede (S. 40) behauptet Cicero, mit advokatischer Übertreibung, diesem wundervollen Mann schlechtweg alles an Sprachkunst zu verdanken. Wir wissen aus anderen Zeugnissen, welche Autoren hier vor allem gelesen wurden: die Epen Homers und die Komödien des hellenistischen Dichters Menander. Hier begegnete Cicero erstmals Zeugnissen einer Gesinnung, für die er bald das Wort *humanitas* (Menschlichkeit) prägen oder verbreiten sollte: Homers *Ilias* wird gekrönt durch eine Begegnung zwischen dem alten Priamos und Achill, die sich trotz tödlicher Feindschaft auf ihr gemeinsames Menschsein besinnen. Und die Dramen des Menander sind Lehrstücke einer humanen Solidarität, die ebenfalls auf dem allgemeinen Menschenschicksal beruht: «Wie reizend ist der Mensch doch, wenn nur Mensch er ist», hieß eine berühmte Sentenz.

Auf den Unterricht in der *grammatica* bzw. Philologie folgte der in der Rhetorik, die für jeden, der politisch Karriere machen wollte, entscheidend war. Dieser fand ausschließlich in griechischer Sprache statt. Auf Griechisch lernt der Schüler die Teile der Rhetorik zu unterscheiden: Erfindung, Disposition, sprachliche Gestaltung, Auswendiglernen, mündlicher Vortrag; auf Griechisch wird er mit den Aufgaben der verschiedenen Teile der Rede selbst vertraut gemacht (vgl. S. 28). Auf Griechisch studiert er vor allem das komplizierte, aber unentbehrliche System der *staseis* bzw. *status* (Frage-«Stellungen»), wo man lernt zu fragen: 1. ob eine Tat geschehen sei, 2. wie man sie zu definieren habe, 3. wie sie zu beurteilen sei, 4. welches Verfahren dafür juristisch einschlägig sei – wobei für jede dieser Fragestellungen eine Fülle von Argumentationsmöglichkeiten (*topoi* bzw. *loci*) bereitgestellt war.

Auch die noch wichtigeren praktischen Redeübungen fanden bei griechischen Lehrern auf Griechisch statt. Sie begannen mit den sogenannten Progymnasmata (Vorübungen), wozu gehörten: Erzählungen, Vergleiche, «Gemeinplätze» (z. B. gegen Laster wie Würfelspiel, Ehebruch usw.), Besinnungsaufsätze und manches andere. Gekrönt wurde dieser Unterricht durch die *declamatio (meléte)*, worunter nicht, wie heute, ein Gedichtvortrag zu verstehen ist, sondern eine über ein fiktives Thema ausgearbeitete Rede. Sie hatte entweder, wie eine politische Rede, die Aufgabe, zu einem bestimmten Handeln aufzufordern bzw. davon abzuraten, zum Beispiel: «Hannibal überlegt, ob er zurückkehren oder in Italien bleiben soll, als ihn seine Mitbürger nach Karthago rufen: Berate ihn!» Oder es ging um erdachte Gerichtsfälle.

Von Ciceros rhetorischen Lehrern kennen wir nur einen mit

Namen, Apollonios Molon von Rhodos, den berühmtesten Redelehrer der Zeit. Er war in Ciceros Jugend zweimal als Diplo-
mat in Rom. Außerdem hören wir, dass der strebsame Cicero
ältere römische Redner las und z. T. sogar auswendig lernte, um
sich stilistisch zu vervollkommnen. Überhaupt soll er bald als
brillantes Wunderkind gegolten haben.

Begegnung mit der Philosophie

Aber tieferen Einfluss als alle Rhetorik hatte auf den jungen Cicero nach seinem späteren Zeugnis die Philosophie. Nicht in
den «Werkstätten der Rhetoriker» (*officinae rhetorum*), sondern in den «Räumen der Akademie» (*Academiae spatia*) sei er
zum Redner gereift. Nach einem ersten Unterricht beim Epikureer Phaidros war es der «Akademiker» Philon von Larissa, der
ihn in seinen Bann schlug und ihn für die *Academia*, die Schule
Platons, gewann. Mit dieser hatte es eine besondere Bewandt-
nis. Platon war ein Schüler des legendären Sokrates gewesen,
der dafür berühmt war, dass er die Leute, die er ins Gespräch
zog, verlegen machte, indem er ihnen, ohne angeblich selbst Bescheid zu wissen, ihr Nichtwissen nachwies. Ihm folgte Platon
insofern, als er seine Lehre in der Form von Dialogen darlegte,
in denen der meist ironische Sokrates die Hauptrolle spielte. So
konnte einige Generationen nach Platons Tod bei seinen Nach-
folgern Arkesilaos und dann besonders Karneades die Meinung
aufkommen, auch Platon sei, wie Sokrates, ein Philosoph ohne
feste Lehre gewesen, ein Mann, der als Skeptiker nur versucht
habe, allen dogmatischen Aussagen zu widersprechen und al-
lenfalls gewisse Wahrscheinlichkeiten gelten zu lassen.

Zu dieser Richtung des Platonismus, die bald aussterben sollte, gehörte nun, als ein letzter Vertreter, auch Philon. Als dieser
im Jahr 88 nach Rom kam, war er es, der den achtzehnjährigen
Cicero hinriss: *totum ei me tradidi,* «ihm gab ich mich ganz
hin». Warum? Nicht nur der persönliche Charme dieses Frei-
geists bestrickte ihn; er sah auch, wie verwandt die Suche nach
dem Wahrscheinlichen an Stelle des Wahren der Aufgabe des
Redners war. Dazu kam, dass Philon selbst nicht nur philo-

sophischen, sondern auch rhetorischen Unterricht erteilte, Übungen vor allem in der Kunst des Argumentierens *in utramque partem*, nach beiden Richtungen, z. B.: Soll der Weise heiraten oder nicht?

Aber nicht nur dieses mehr formalbildende Training dürfte es gewesen sein, was den jungen Cicero anzog. Der Akademiker Philon muss ihn auch in die Wunderwelt der platonischen Dialoge eingeführt haben. Funkelten diese Kunstwerke auch von sokratischer Ironie, so enthielten sie doch, selbst wenn ein Philon sie interpretierte, eine Fülle der begeisterndsten Gedanken: dass die Seele ihrem Wesen nach unsterblich sei; dass alles Lernen nur ein Erinnern an ein vorgeburtlich Gewusstes sei; dass es Ideen gebe, die sich in der sichtbaren Wirklichkeit nur unvollkommen realisieren; dass aber doch in einem Idealstaat die Idee der Gerechtigkeit Gestalt annehmen könne; dass dagegen der ungerechte Tyrann der unglücklichste aller Menschen sei ... Sein Leben lang hat sich Cicero mit diesen Gedanken beschäftigt – auch wenn er sie nicht immer alle glauben konnte.

Vor dem ersten Auftritt

Römische Erziehung fand vor allem in der Praxis statt. Man spricht vom *tirocinium fori* (Rekrutendienst auf dem Forum), wenn ein junger Mann, nach Ende der Pubertät, unter der Obhut eines älteren Freunds die Öffentlichkeit aufsucht, um führende Politiker in Aktion zu erleben. So hörte Cicero, den man dem berühmten Juristen Q. Mucius Scaevola anvertraute, gerade noch die beiden besten Redner der älteren Generation, den geistreichen Crassus (S. 14) und den gerissenen M. Antonius; beide lässt er später in seinem Dialog *De oratore* auftreten (S. 55). Von den Jüngeren machten ihm besonderen Eindruck P. Sulpicius Rufus, der mit Tragödenstimme die Massen aufwühlte, und C. Aurelius Cotta, der sie dank sprachschönerer Diktion bestrickte. Die turbulenten Jahre von Ciceros Jugend, die einen Bürgerkrieg zuerst des Popularen Marius, dann der Marianer, gegen den konservativen Sulla und die Sullaner entfesselten, brachten den genannten jungen Rednern wenig Glück: Dem

Marianer Sulpicius wurde im Jahr 88 der Kopf abgeschlagen; der konservative Cotta musste schon im Jahr 90 ins Exil gehen. Jedenfalls tat der junge Cicero gut daran, sich politisch zurückzuhalten. Und ein Auftreten als Advokat war beim desolaten Zustand des Gerichtswesens in diesen Jahren wenig reizvoll.

Dafür unternahm Cicero etwas anderes. Nur der ältere Cato und der erwähnte Redner Antonius hatten bescheidene Ansätze dazu gemacht, eine Rhetorik, d. h. eine Theorie der Redekunst, in lateinischer Sprache zu skizzieren. Und L. Plotius Gallus hatte immerhin ein Büchlein *De gesticulatione* (Über die Körpersprache) geschrieben. Cicero ging nun daran, als erster Römer – ich sage das im Widerspruch zur üblichen Ansicht – das Ganze der griechischen Rhetorik in einem großen Werk darzustellen. Er legte diese Schrift, die wohl *Rhetorici libri* (Bücher der Rhetorik) heißen sollte, so breit an, dass sie noch nicht fertig war, als dank Sullas Sieg im Jahr 82 v. Chr. Staat und Gerichtswesen wiederhergestellt wurden, was Cicero in die Lage versetzte, als Prozessanwalt, wie üblich, in die politische Laufbahn einzusteigen.

Nur zwei Bücher davon sind fertig geworden. Man nennt sie *De inventione* (Über die Erfindung), denn sie handeln eben von der «Erfindung», dem wichtigsten Teil der Rhetorik. Weil sich Cicero selbst später einmal etwas herablassend über dieses Werk geäußert hat, schätzen es sogar die Kenner unter den Philologen nur wenig – zu Unrecht. Cicero hat hier ein nicht unmeisterliches Gesellenstück geliefert, in dem die komplizierte Materie mit Gründlichkeit und großer Klarheit dargestellt ist. Sein wichtigster römischer Konkurrent, der sogenannte *Auctor ad Herennium*, der seine Gesamtdarstellung der Rhetorik vollendet hat, konnte ihn nicht erreichen, obwohl er, wie ich meine, Ciceros Schrift benutzt hat.

Und woraus schöpfte Cicero? Er selbst sieht seine große Leistung gerade darin, dass er keinem speziellen Vorbild gefolgt sei, sich vielmehr aus allen das Beste geholt habe. Mit einem etwas lieblosen Wort nennt man das heute «Eklektizismus». Dezidiert vertritt Cicero daneben den Standpunkt des Skeptizismus, den ihm ohne Zweifel Philon vermittelt hat. Er sei bereit, schreibt er, jede vorgetragene Meinung zu widerrufen, wenn ihn jemand auf einen Fehler hinweise. Denn das Wichtigste sei es, «keiner Sache blindlings oder rechthaberisch (*temere atque arroganter*) zuzustimmen», vielmehr jede Behauptung «mit Zögern» (*dubitanter*) aufzustellen: «Diesem Prinzip werden wir sowohl jetzt als auch in unserem ganzen Leben, soweit wir das können, mit Eifer folgen.» Dass Cicero diesen Grundsatz in der Tat befolgt hat, lehren uns seine späteren Werke. Und wir staunen wieder (vgl. S. 12) über die Entschiedenheit und Bewusstheit seines Lebensplans.

Zur vernünftigen Karriereplanung gehörte auch eine gewisse militärische Schulung. So diente Cicero im Bundesgenossenkrieg der Jahre 90 und 89 zuerst im Heer des Cn. Pompeius Strabo, Vater des berühmten Pompeius, dann in dem Sullas. Durchaus mit Gewinn. Nicht nur, weil er es so lernte, große Militärs wie Pompeius und Caesar mit Sachverstand rhetorisch zu würdigen, sondern auch, weil er durchaus selbst militärische Führungsqualitäten erwarb. Immerhin wurde ihm nach der Schlacht von Pharsalos i. J. 48 sogar der Oberbefehl über das Heer der Pompeianer angetragen – was er freilich ablehnte (S. 75).

Glanzvolle rednerische Anfänge

Sullas zweiter Marsch auf Rom und damit der vorläufige Sieg der konservativen Senatorenklasse beendete zwar den Bürgerkrieg, stürzte aber Rom in die blutigste Zeit seiner bisherigen Geschichte: Der zum Dictator ernannte L. Cornelius Sulla «proskribierte», d. h. ächtete durch öffentlichen Anschlag (*proscriptio*) seine politischen Gegner, von denen so Tausende, reiche Ritter und sogar Senatoren, erschlagen wurden. Deren Vermögen wurde konfisziert und versteigert, ihre Sklaven wurden zu persönlichen Freigelassenen Sullas.

Aber es gab nun wieder gut funktionierende Gerichte. Und Cicero, so sorgfältig auf den Rednerberuf vorbereitet wie kaum einer, konnte nun endlich als Advokat auftreten. Dabei ist «Advokat» nicht ganz das richtige Wort. *Advocati* hießen in Rom die juristischen Sachverständigen, die in Zivilprozessen die beiden Parteien berieten. Die im Prozess selber agierenden Anwälte, die Reden hielten und Zeugen verhörten, waren rhetorisch gebildete Laien, die sich ihrerseits juristisch beraten ließen. Und wer galt als «Jurist» (*iuris peritus*)? Derjenige, dem man es auf Grund seiner Erfahrung zutraute, private Rechtsgutachten (*responsa*) erteilen zu können. Ein solcher angesehener Jurist war Ciceros erwähnter Mentor Q. Mucius Scaevola, genannt der «Augur», ebenso dessen jüngerer Namensvetter, der «Pontifex» Scaevola, dem sich Cicero nach dem Tod des älteren anschloss. Bei deren mündlicher Gutachtertätigkeit war der junge Cicero anwesend und erwarb sich vor allem so die erstaunlichen Rechtskenntnisse, die nicht nur seine Zivilprozessreden zeigen.

Unter dem Dictator Sulla also konnte Cicero nun vor Gericht auftreten. Und hier waren es, soweit wir sehen, von der Dictatur betroffene Männer, deren er sich annahm. Zwei Reden aus den Jahren 81 und 80 sind uns erhalten, weil Cicero selbst sie schriftlich herausgegeben hat. In der ersten, *Pro Quinctio*, ging es um eine Auseinandersetzung zwischen zwei Gesellschaftern (*socii*), Naevius und Ciceros Mandant Quinctius. Weil Quinctius angeblich einen Prozesstermin versäumt hatte, hatte Naevius im Jahr 83 eine Art Zwangsvollstreckung erwirkt. In unserem Prozess des Jahres 81 stand nun die äußerst schwierige Frage zur Debatte, ob diese seinerzeitige Zwangsvollstreckung überhaupt vollzogen und rechtsgültig war. Dabei spielte auch die Politik herein. Naevius als Anhänger der Senatspartei behauptete, dass er im Jahr 83, zur Zeit der Popularenherrschaft, sein Recht nicht habe durchsetzen können. Cicero dagegen drehte den Spieß um, indem er seinen Quinctius als Opfer des nunmehr übermächtigen, von der Nobilität gehätschelten Naevius hinstellte.

Wir vermuten, dass Cicero, der diese Rede ja veröffentlichte, den Prozess gewonnen hat. Bewundernswert ist auf jeden Fall die höchst kluge Anlage der Rede, in der er alle Möglichkeiten der Argumentation bis in ihre Schlupfwinkel ausschöpft. Und zum ersten Mal glänzt Cicero mit seiner Porträtkunst. Die Gestalten des biederen Hausvaters Quinctius und des ebenso witzigen wie charakterlosen Partylöwen Naevius sind so meisterlich gezeichnet, dass kein Komödiendichter sich ihrer schämen müsste. Es hatte sich gelohnt, Menander zu studieren.

Um Größeres ging es in einem Strafprozess des Jahres 80, wohl dem ersten nach dem neuen Mordgesetz, der *lex Cornelia de sicariis et veneficiis* («über Dolchmörder und Vergiftungen»). In den Proskriptionswirren war ein steinreicher Gutsbesitzer, Sextus Roscius aus dem umbrischen Ameria, umgebracht worden. Wer auch der Mörder war, man setzte den Erschlagenen nachträglich auf Sullas Proskriptionsliste, und einer von Sullas Freigelassenen, ein *Cornelius* mit dem sprechenden griechischen Beinamen *Chrysogonus* («Goldsprössling»), erwarb bei der fälligen Auktion die millionenschweren Güter für ein paar Sesterzen. Der Sohn des Erschlagenen, ebenfalls ein Sextus Roscius, ließ sich das nicht gefallen, sondern beanspruchte sein Erbe. Da ließ ihn Chrysogonus kurzerhand des Vatermords anklagen. Ein echtes Schurkenstück. Keiner der vornehmen Freunde des jungen Roscius wagte es, sich für ihn einzusetzen: Chrysogonus galt als mächtiger Günstling des Dictators. Man schickte den jungen Cicero vor.

Und der erledigte seine Aufgabe mit Bravour. Der Ankläger hatte, ohne Chrysogonus auch nur zu erwähnen, eine eher langweilige Rede gehalten, in der die Ermordung auf alte Zwistigkeiten von Vater und Sohn zurückgeführt wurde. Aber Cicero tat der Anklage den Gefallen nicht, auch seinerseits den einflussreichen Chrysogonus aus dem Spiel zu lassen. Schon im Prooemium spielt er gegen den Ankläger mit größter Wucht den Gedanken aus, dass dieser mit Absicht ebendas verschwiegen habe, was den Kern des Prozesses ausmache: die Güter des Erschlagenen, die gerade nicht dem «habgierigen» Erben, sondern einem griechischen Emporkömmling zugefallen seien. Dabei verschwieg Cicero allerdings, dass es natürlich auch seinem Mandanten um das Vermögen des Vaters zu tun war: Er stellt um des Mitleideffekts willen die Dinge so hin, als hätte der junge Roscius längst alle Gedanken an Gut und Geld aufgegeben und kämpfe nur noch um die nackte Existenz.

Noch mehr aber als das advokatische Geschick dieser ersten Meisterrede Ciceros imponiert uns sein persönlicher Mut und berührt uns vor allem der Appell an die Mitmenschlichkeit, mit dem er die Rede beschließt: «Keiner ist unter euch, der nicht wüsste, dass das römische Volk, das einst als so überaus mild gegenüber seinen Feinden galt, heute an Grausamkeit (*crudelitas*) im Inneren leidet. Reißt diese aus dem Staat, ihr Richter! [...] Denn wenn wir zu allen Stunden sehen und hören, wie etwas Grässliches geschieht, so verlieren selbst wir, die wir von Natur aus ganz milde sind, durch diese ständigen Widerwärtigkeiten allen Sinn für Menschlichkeit (*humanitas*) aus unserem Herzen.» Hier empfahl sich Cicero als künftiger römischer Staatsmann, ja, insgeheim, als Philosophenkönig.

Schöpferische Pause

Nach seinem Erfolg im Rosciusprozess war Cicero erst recht ein gefragter Anwalt. Aber da er sich keiner Bitte entzog, ging dieser «Beruf» bald über seine Kräfte. Seine strapazierte Stimme versagte; die Ärzte rieten ihm sogar, die rednerisch-politische Karriere abzubrechen. Daran dachte Cicero nicht, nützte vielmehr die erzwungene Pause zu einem Studienaufenthalt in Griechenland und Kleinasien (79–77 v. Chr.).

Zuerst ging es zusammen mit Freunden nach Athen, immer noch die Hochburg der Philosophie. Dort hörte Cicero vor allem Antiochos von Askalon, das damalige Schulhaupt der Akademie, der vom Skeptizismus seines und Ciceros Lehrers Philon (S. 16) abgefallen war, also die Ansicht vertrat, schon Platon habe definite Lehrmeinungen gehabt, die im Wesentlichen mit denen seines Schülers Aristoteles, ja sogar mit denen der späteren Stoa übereingestimmt hätten (S. 92). Cicero ließ sich davon zwar nicht bestimmen, offenbar aber doch beeindrucken: Es entstand in ihm, wie Plutarch erzählt, zum ersten Mal der Wunsch, sich ganz der Philosophie hinzugeben – das hieße: in Athen zu bleiben. Aber Meister Antiochos war Platoniker genug, um ihm das auszureden.

Nach einer halbjährigen Schonzeit für die Stimme nahm Cicero seine Redeübungen wieder auf. Er reiste nach Kleinasien, um dort bei den bekanntesten Rhetoriklehrern zu trainieren – das hat ihm später den Spottnamen «Asiate» (*Asianus*) eingebracht (S. 83) –, dann besuchte er Rhodos, um noch einmal bei

Molon zu lernen. Dazu weiß Plutarch eine erhellende Anekdote. Molon fordert den Neuangekommenen auf zu «deklamie-
ren», um sich von seinem Leistungsstand einen Eindruck zu verschaffen. Cicero erledigt das glanzvoll, auf Griechisch natürlich.
Während alle das römische Wunderkind beklatschen, fällt Molon selbst in schweigendes Sinnen. Warum? «Nun nimmst du
uns auch noch das, worauf Hellas bisher als Letztes stolz sein
konnte: Bildung und Rede (*paideia kai logos*).» Ein prophetisches Wort. Beginnend mit Cicero bringt die römische Literatur Werke hervor, denen das zeitgenössische Griechenland
nichts Ebenbürtiges mehr zur Seite stellen kann.

Aber noch konnte Cicero von diesem Griechen profitieren. Er
erlernte bei Molon eine Sprechtechnik, durch die er bei geringerer Stimmanstrengung dieselbe Wirkung erzielen konnte. Dies
kam ein wenig sogar dem Redestil zugute: Eine gewisse pathe-
tische Überschwänglichkeit seiner frühesten Reden, die zur
stimmlichen Verausgabung verführen musste, sehen wir in den
Reden der nun folgenden Jahre gemäßigt und abgebaut. Der
Studienaufenthalt hatte sich gelohnt: Cicero kehrte gesundet
zurück aufs römische Forum.

Cicero wird Roms erster Redner

In die Zeit nach der Rückkehr (77 v. Chr.) fiel wahrscheinlich
Ciceros Heirat mit Terentia, einer reichen Frau aus nobler Familie. Die gefühlvollen Briefe, die er ihr viele Jahre lang schrieb,
sprechen gegen die gern geäußerte Meinung, dass er sie nur aus
Berechnung geheiratet habe. Die Tochter Tullia jedenfalls, die
sie ihm schenkte, liebte er abgöttisch (mit dem Sohn Marcus
dagegen gab es in späteren Jahren auch etwas Ärger). Vorläufig
galt Ciceros ganze Kraft seiner Anwaltstätigkeit, durch die er
sich das Netz von Beziehungen und Freundschaften knüpfte,
das für die Karriere zumal eines *homo novus* unentbehrlich
war.

Der erste Lohn blieb nicht aus. Im Sommer 76 wurde Cicero
zum Quaestor für 75 gewählt, womit er auch die Aufnahme in
den Senat erreicht hatte. Mit dem Stolz des *homo novus* sagte er

später, diese und spätere Ehren seien ihm selbst, nicht seiner
Familie und seinen Vorfahren erwiesen worden. Man schickte
Cicero in den Westteil der Provinz Sizilien, nach Lilybaeum,
wo er unter dem zuständigen Propraetor die römische Getreide-
versorgung sicherzustellen hatte. Es war hierbei leicht, auf
Kosten der Provinzialen Gewinne zu machen; aber Ciceros
Gewissenhaftigkeit fand auch bei diesen solche Anerkennung,
dass man ihn am Ende des Amtsjahrs mit ungewöhnlichen
Ehren verabschiedete.

Über seine Rückkehr nach Rom berichtet er mit Selbstironie in einer späteren Rede (*Pro Plancio*). Während er sich im
seligen Wahn befand, alle Welt spreche nur von den Leistungen seiner sizilischen Quaestur, fragte ihn schon in Puteoli
(Pozzuoli) ein Badegast: Was es Neues in Rom gebe? Man hatte
also nicht einmal bemerkt, dass er weg war! Das sei ihm eine
nützliche Lehre gewesen, sagt Cicero. Um in Rom Erfolg zu
haben, müsse man in Rom auch sein, jeden Moment den Römern «in den Augen hausen». Weder sein Pförtner noch sein
Schlaf habe künftig irgendeinen Menschen daran gehindert, bei
ihm vorstellig zu werden.

Und natürlich übernahm Cicero weiter Prozessverteidigun-
gen. Wenigstens zwei davon aus diesen Jahren kennen wir.
In der Rede *Pro Caecina* (spätestens 72 v. Chr.) und in der unvollständig erhaltenen Rede *Pro Tullio* (71 v. Chr.) glänzte er
mit ebenso scharfsinnigen wie verwegenen Auslegungen von
Rechtstexten. Auch wenn er kein «Jurist» war (S. 19), war er
doch ein juristischer Denker von Format.

Dann kam die Chance seines Lebens. Im selben Jahr 70 v. Chr.,
als von den Consuln Cn. Pompeius Magnus und M. Licinius
Crassus die Reste der konservativ-aristokratischen Verfassung
Sullas liquidiert wurden – es ging vor allem um Volkstribunat
und Gerichtsbarkeit –, stand ein Prozess an gegen einen Mann,
der für die Verdorbenheit des *ancien régime* ein Paradebei-
spiel war: Der berüchtigte C. Verres hatte sich in den Jahren 73
bis 71 als Propraetor von Sizilien in abscheulicher Weise be-
reichert und dabei nicht einmal Römer geschont. Davon wusste
man allgemein schon seit 72. So war nun nur noch die Frage,

wer in dem für Provinzausbeutung vorgesehenen Repetundenprozess – *repetundae* bedeutet Rückforderung erpresster Gelder – die Anklage führen würde. Die Sizilianer hatten sich wohl zunächst an einen früheren Quaestor des Verres, Q. Caecilius Niger, gewandt, der sich mit seinem Vorgesetzten zerstritten hatte. Aber nachdem sich ihnen der brillantere Cicero als Patron angeboten hatte, setzten sie auf ihn; und es fiel ihm nicht schwer, in einer vorprozessualen Verhandlung (genannt *divinatio*) sein Recht auf die Anklageführung durchzusetzen. Ciceros dabei gehaltene Rede, *Divinatio in Q. Caecilium*, gibt eine sehr lesenswerte Einführung in die Vorstellungswelt des römischen Strafprozesses, der keinen Staatsanwalt kennt und seine Kraft zum Teil noch aus der urtümlichen Privatrache zieht.

Cicero hatte im Übrigen allen Grund, sich um diese Anklage zu bemühen, obwohl er ja sonst nur als Verteidiger (*patronus*) auftrat. Am Erfolg dieser überaus populären Anklage schien, wenn alles mit rechten Dingen zuging, nicht zu zweifeln, obwohl die Verteidigung von Hortensius persönlich geführt werden sollte. Aber auch schon diesen führenden Redner Roms zu besiegen, musste Cicero reizen; und vor allem sollte der Prozess natürlich mit Blick auf seine im Sommer anstehende Wahl zum Aedilen seine Popularität steigern. In diesem letzten Punkt allerdings hatte sich Cicero ein wenig verrechnet. Nachdem er in den ihm zustehenden 110 Tagen Belastungsmaterial gesammelt und Zeugen mobilisiert hatte, vereitelten die mächtigen Freunde des Verres seine Hoffnung auf einen baldigen Prozessbeginn. Es gelang ihnen, einen anderen Prozess dazwischenzuschieben, und so begann erst am 5. August, statt schon im Mai, der eigentliche Verresprozess. Da war aber Cicero als Aedilitätskandidat zum Glück schon nicht mehr auf ihn angewiesen. Kurz zuvor war er mit den Stimmen sämtlicher Tribus gewählt worden – und konnte sich nun voll auf Verres konzentrieren.

Freilich versuchte die Gegenseite noch einmal Zeit zu gewinnen und den Prozess in das für sie aus manchen Gründen günstigere Jahr 69 hinüberzuschleppen. In seiner ersten Rede (*Actio prima*) gegen Verres deckte Cicero die entsprechenden Manipu-

lationen seiner Gegner überzeugend auf. Er erzwang eine Ab-
kürzung des Verfahrens, indem er auf sein Eingangsplädoyer
verzichtete und dieses mit der Zeugenvernehmung kombinier-
te. Normalerweise lief ein römisches Gerichtsverfahren (*actio*)
ja so ab, dass zunächst der Ankläger, dann der Verteidiger in
zusammenhängender Rede (*oratio continua*) sprachen – bei
stoffreichen Prozessen konnte das mehrere Vormittage dauern –,
und dass dann beide in derselben Abfolge ihre Zeugen vorführ-
ten und der Gegenseite zum Kreuzverhör freigaben (*interrogatio
testium*). Bei Repetundenprozessen war dann nach einer Pro-
zesspause noch eine zweite *actio* vorgesehen, in der diese ganze
Prozedur mit neuen Plädoyers und Zeugen wiederholt wurde.
Natürlich konnte Cicero eine solche Ordnung nicht eigenmächtig ändern, aber offenbar verzichtete er einfach auf den größten
Teil der ihm für das Eingangsplädoyer zustehenden Zeit, um
schon am zweiten Tag, gewissermaßen innerhalb der eigenen
Redezeit, seine Zeugen zu präsentieren. Vom 6. bis 13. August
marschierten diese auf, um Verres zu belasten.

Der Erfolg war groß. Schon vom dritten Tag an ließ sich der
eingeschüchterte Verres krank melden und erschien nicht mehr.
Als nach einer langen Gerichtspause am 20. September der Prozess wieder aufgenommen werden sollte, hatte sich der Ange-
klagte bereits durch Verlassen Italiens ins Exil geflüchtet, d. h.
sich so verhalten wie ein im Strafprozess Verurteilter (um der
formell verhängten Todesstrafe zu entgehen). Durch diesen spek-
takulären Sieg Ciceros war nun des Hortensius «Tyrannei und
Monarchie in den Gerichten» beendet worden, und er selbst
war zum ersten Redner Roms aufgestiegen. Er hatte also sein
erstes Lebensziel erreicht.

Aber was wurde aus dem Material, das Cicero in 110 Tagen
gesammelt hatte? Es durfte nicht verloren gehen; und so arbeitete er die große Rede, die er am Eingang der zweiten *actio* zu
halten gedacht hatte, zu einer gewaltigen, fünf Papyrusrollen
füllenden Buchrede um. Dieses große literarische Schattenbo-
xen, Ciceros umfangreichstes Werk überhaupt, ist für den Historiker, vor allem im Hinblick auf die römische Provinzverwaltung, ebenso lehrreich, wie es in rhetorischer Hinsicht eigentlich

unergiebig ist. Hier wird kaum mehr überredet; hier geht es fast nur noch darum, eine geradezu unübersehbare Fülle von Stoff verständlich aufzubereiten. Aber auch darin war Cicero ein Meister.

Cicero beginnt chronologisch, indem er im ersten Buch die Vergehen des Verres vor der sizilischen Propraetur behandelt; dann geht er zu einer Gliederung nach sachlichen Kategorien über. In Buch II bespricht er Verres' dubiose Methoden der Rechtsprechung auf Sizilien, in Buch III seine Art der Getreidebeschaffung (ein Glanzstück populärer Nationalökonomie). Bekannter ist Buch IV, wo es um die Kunstkriminalität des Verres, also seinen Raub sizilianischer Kunstwerke, geht. Am allerberühmtesten aber ist das nach seinem Schlussteil benannte Buch V *De suppliciis* (Über die Hinrichtungen), wo die Verbrechen an römischen Bürgern geschildert werden. Hier findet man die empörende Auspeitschung und Kreuzigung des Gavius in Messina: Unter dem Klatschen der Hiebe, sagt Cicero, hörte man von ihm kein Stöhnen, sondern nur den Protestruf: *Civis Romanus sum*, «Ich bin ein Römer». (Er sollte später noch den Apostel Paulus vor dem Schlimmsten bewahren.)

Das ganze Corpus der Verrinen (von *Divinatio* bis *Actio secunda*) hat, was man nicht vergessen darf, immer auch einen hochpolitischen Charakter. Cicero sprach vor einem nur aus Senatoren bestehenden Gerichtshof. Die Consuln Pompeius und Crassus aber beabsichtigten damals, dieses senatorische Privileg zu beseitigen. So konnte Cicero, da dieses gerade eben noch nicht geschehen war, in der Maske des besorgten Senatsfreunds gegen den Senat agitieren: Sollte Verres nicht verurteilt werden, werde es um die bedrohten Senatsgerichte unweigerlich geschehen sein, und Cicero selbst werde, so drohte er, einen Prozesskrieg gegen korrupte Senatoren entfesseln. Nun, die Selbstverurteilung des Verres entband ihn davon, solche Drohungen wahr zu machen.

Pro Fonteio und spätere Repetundenverteidigungen

Wenn Cicero am Schluss des letzten Verrinenbuchs die Hoffnung aussprach, nie mehr «böse» (*improbi*) Mitbürger anklagen zu müssen, sondern die «Guten» (*boni*) beschützen zu dürfen, so hat er sich diesen Wunsch später gerne erfüllt. Er ist nur noch als Verteidiger aufgetreten, gerade auch in den häufigen Repetundenprozessen, in welche die aus der Provinz heimkehrenden Statthalter verwickelt wurden. Drei dieser Verteidigungen sind erhalten. Wahrscheinlich schon im Jahr 69 sprach Cicero für M. Fonteius, den Propraetor von Gallien, im Jahr 59 für L. Valerius Flaccus, Propraetor von Asia (Kleinasien), im Jahr 54 für M. Aemilius Scaurus, Propraetor von Sardinien.

Man sieht sogleich, dass diese trotz verschiedener Schauplätze untereinander ähnlichen Reden nur wenig in das Schema passen, das die griechische Rhetorik für die Gerichtsrede aufgestellt hat und dem Cicero vor allem in seinen frühen Reden gefolgt ist: Einleitung (*exordium* bzw. *prooemium*), Erzählung (*narratio*), Inhaltsankündigung (*propositio*) bzw. Gliederung (*partitio*), Erörterung (*argumentatio*), Redeschluss (*peroratio*). So gibt es z. B. wegen der Fülle disparater Vorwürfe in allen drei Reden keine zusammenhängende Erzählung.

Vor allem aber findet man vier spezifische Redeteile, die offenbar fest in der traditionellen Prozesspraxis verwurzelt sind. Im Zentrum steht natürlich (Nr. 1) die Widerlegung der juristisch relevanten Vorwürfe (*crimina*) als sachliches Kernstück. Ferner findet man regelmäßig (Nr. 2) eine Stellungnahme gegen die gegnerischen Zeugen; zu diesem *locus contra testes* gehört (a) eine Verdächtigung von Zeugenaussagen überhaupt (schon Aristoteles lieferte das wirkungsvolle Argument: Zeugen könne man bestechen, die Tatsachen nicht), (b) eine Verdächtigung der Zeugen speziell des betreffenden Volkes (Gallier, Griechen, Sarden), welches jeweils als besonders bösartig hingestellt wird. Dazu kommt, in der Regel am Anfang der Rede (Nr. 3) ein *locus de vita*, wo das vor allem politische Vorleben und der Charakter des Angeklagten behandelt wird. Da im römischen Strafprozess meist über die ganze bürgerliche Existenz des Angeklagten entschieden wird – der Verurteilte verliert ja in der Regel Vermögen und Staatsbürgerschaft – ist gerade dieser Redeteil, auch wenn er juristisch unerheblich scheint, für das Urteil bedeutsam. Schließlich enthält die Repetundenverteidigung regelmäßig (Nr. 4) eine Anpreisung der eigenen, entlastenden Lobzeugen (*laudatores*). Diese vier Teile können, je nach Fall, verschieden kombiniert und gewichtet werden.

Sehen wir uns als Beispiel die Rede *Pro Fonteio* an. In der Einleitung verwahrt sich Cicero gegen den naheliegenden Vorwurf, dass er M. Fonteius verteidige, obgleich er doch Verres angeklagt habe. Und er stellt dabei eine Maxime auf, die nun die ganze Rede durchzieht: Es gehe der Anklage diesmal um nichts anderes, als die Befehlsgewalt der Statthalter gegenüber aufsässigen Provinzialen zu schwächen. Diese einfache Formel ist hier umso überzeugender, als es sich um Gallier, Roms alte Schreckensfeinde, handelt. Nach dem durch die glänzende Ämterkarriere des Fonteius führenden *locus de vita* (oben Nr. 3) rollt Cicero die einzelnen *crimina* (Nr. 1) gegen ihn auf. Seinen eigenen Argumenten stehen die Zeugenaussagen der Gallier entgegen. Muss man nicht eher diesen glauben? *Locus contra testes* (Nr. 2a): Natürlich nicht. Zeugen zu misstrauen, sei gerade das Zeichen eines guten Richters, der sonst nur Ohren, aber keinen Verstand haben müsste! Cicero mit nie versagendem Gedächtnis führt Beispiele sogar prominenter Römer an, denen man vor Gericht als Zeugen nicht geglaubt hat. Weshalb also (Nr. 2b) Galliern, die doch keine Ahnung von der Heiligkeit des Zeugeneids haben? Kein Wunder, wo sie ja auch kaum eine Religion kennen, sie, die ihre Götter mit Menschenopfern besudeln ... «Und mit diesen Barbaren sollen wir nun unseren Fonteius schlachten?» – ein genialer Gedankensprung.

Aber es kommt noch besser. Cicero entwickelt die Zeugenbeschimpfung zu einem förmlichen Völkerkrieg weiter. Der Ankläger hatte gewarnt, ein Freispruch des «Ausbeuters» Fonteius könne wegen der Empörung der Provinzialen zu einem neuen Gallierkrieg führen. «Das fehlte noch! Man droht uns schon in der eigenen Stadt – seht, wie keck sie sich bereits in unseren Straßen aufführen, diese Barbaren in ihren Lederhosen (*braca-*

ti)!» Am Schluss wird das Tribunal selbst zum Kriegsschauplatz.
Regisseur Cicero lässt vor der Phantasie der Zuhörer die Gallier
wie «mit feindlichen Feldzeichen» gegen Fonteius aufmarschie-
ren. Aber zum Glück hat auch dieser noch Truppen, die ihn verteidigen. Dies sind (Nr. 4) die *laudatores*, hier Gesandte aus Makedonien, Spanien, Marseille und der Kolonie Narbo, mit ihnen
alle römischen Steuerpächter, Bauern, Kaufleute usw. Da staunt
sogar der rohe Indutiomarus – wie schrecklich schon der Name
dieses barbarischen Starzeugen! Zumal wenn er sieht, wie Fonteius nun auch noch von edlen Damen in Schutz genommen
wird. Von der einen Seite – das ist nun nicht mehr Phantasie,
sondern sichtbar inszenierte Wirklichkeit – umarmt ihn weinend seine Mutter, von der andern die Schwester, die – zum
Glück für Cicero – auch noch vestalische Jungfrau ist, Tag und
Nacht durch ihren Priesterinnendienst für die Erhaltung Roms
tätig. Sollen diese Frauen nun in Schande geraten? Lieber wäre
Fonteius früher an den Waffen der Gallier gestorben als jetzt an
ihren Meineiden … Welch ein Finale! Fonteius muss freigespro-
chen worden sein.

Über die Praetur zum Consulat

Die Karriere des Erfolgsredners Cicero führte von der Aedilität
(69) geradewegs zur Praetur (66), die er, wie sämtliche Ämter,
im frühestmöglichen Alter erreichte. Das Jahr dieser Praetur
brachte für ihn als Redner vor allem zwei Ereignisse. Er verteidigt in einem Sensationsprozess vor dem Mordgerichtshof den
schwer belasteten A. Cluentius Habitus. Und er setzt sich erstmals für Pompeius ein, in der Rede *De lege Manilia*. Ginge es
hier nur darum, Cicero als Redekünstler zu würdigen, so müsste die Rede *Pro Cluentio* als unbestrittenes Meisterwerk (und
größte gehaltene Rede Ciceros) ausführlich analysiert werden:
Nie hat er so nachweislich den Richtern Sand in die Augen ge-
streut, wie hier, wo er ihnen einredete, dass in einem berühmten
Fall von Richterbestechung nicht der Prozess-Sieger, sondern
der Unterlegene bestochen habe!
    Ungleich wichtiger für Ciceros Leben ist die Rede für

Cn. Pompeius, Ciceros erste Volksrede, ja überhaupt seine erste politische Rede. Formell ging es darum, dem Volk ein Gesetz zu empfehlen, durch das Pompeius den außerordentlichen Oberbefehl im Krieg gegen Mithridates von Pontos, einen von Roms gefährlichsten Feinden, erhalten sollte. Das war für Cicero keine schwierige Aufgabe: Das Volk war ja längst entschlossen, seinen Liebling Pompeius Magnus – «Groß» (*Magnus*) wie Alexander nannte man sonst keinen in Rom – mit dieser Aufgabe zu betrauen. Und sogar im Senat, der außerordentliche Imperien, die die Verfassung sprengten, immer beargwöhnte, waren es nur wenige konservative Hardliner, die noch opponierten.

Cicero, der sich beim zukünftigen Wählervolk und bei Pompeius selbst, den er aber ehrlich bewunderte, beliebt machen wollte, legte darum seine Rede anders an als sonst. Geradezu ostentativ stellte er hier einmal seine Künste als Schönredner und Periodenbaumeister zur Schau. Schon im zweiten Satz kündigt er an, vor der Volksversammlung ein Kunstprodukt liefern zu wollen, das «vollkommen in der geistigen Erfindung und ausgearbeitet mit Fleiß» zu sein habe; und dieser Ankündigung wird er gerecht. Singulär ist darum auch die Anlage der Rede: Während Cicero sonst das Prinzip seiner Disposition eher verbirgt, schon um den Eindruck einer gewissen Improvisation zu erwecken, wird hier die Gliederung geradezu überdeutlich vor Augen gestellt. Zu fragen sei, heißt es sogleich: 1. nach der Art des Kriegs, 2. nach seiner Größe, 3. nach dem geeigneten Feldherrn. Wobei Punkt 1 dann in vier Unterpunkte eingeteilt und nach diesen ausführlich abgehandelt wird. Ebenso Punkt 3, wo Cicero eine berühmte Liste der Feldherrntugenden gibt. Eine fast ebenso schön disponierte Widerlegung der gegnerischen Meinungen bildet den letzten Teil der Rede.

De lege Manilia ist nicht ohne Grund der Liebling des neuzeitlichen Lateinunterrichts. Zu keiner anderen antiken Rede gibt es seit der Renaissance so viele Schulausgaben und -kommentare. Die Rhetorikkenner teilen diese Begeisterung nicht: Quintilian, Roms größter Rhetoriker, behandelt die Rede kaum. Dabei ist der Grund für Zuneigung wie für Desinteresse derselbe. Cicero war in dieser Rede nicht eigentlich gefordert: Wenn

Rhetorik, nach der antiken Definition, «Meisterin der Überredung» zu sein hat, dann war hier kaum ein Platz für Rhetorik. Umso offener konnte Cicero dafür seine Künste des Stils wie der luziden Disposition ins Licht setzen; und eben das macht die Rede zum Lieblingskind der Schulmeister – und durchaus auch der Ästheten.

Der Kampf ums Consulat

Die Jahre 65 und 64 standen für Cicero im Zeichen des Wahlkampfs um das Consulat, sein zweites großes Lebensziel. Wahlkampf ist eine Erfindung der Römer, deren politisches Leben er prägte und den sie mit geradezu wissenschaftlicher Gründlichkeit betrieben – jedenfalls Cicero. Dafür haben wir ein Zeugnis: Ciceros eigener Bruder Quintus verfasste im Jahr vor der Wahl ein für Marcus bestimmtes Büchlein über den richtigen Wahlkampf (*Commentariolum petitionis*): Drei Dinge müsse Cicero immer bedenken: «Ich bin ein Newcomer» (*novus sum*) – ein schwerer Nachteil. «Ich strebe zum Consulat» (*consulatum peto*) – also zum höchsten Amt, das allen Neid auf sich zieht. «Rom ist der Schauplatz» (*Roma est*) – eine Stadt mit tausend Lastern, die alle berücksichtigt sein wollen. Das nach dieser Gliederung angelegte Buch ist gesättigt mit realistischen Details: Nirgendwo sonst lernt man das politische Beziehungsgeflecht in Rom so gut kennen wie in diesem Werk des ersten *spin doctor* der Geschichte.

Besonders interessant ist der zweite Punkt. Quintus unterscheidet zwischen der indirekten Beeinflussung durch die «Anstrengungen von Freunden» und der direkten Gewinnung der «Zuneigung des Volks». «Freunde» sind dabei diejenigen, die durch Stimmungsmache etwas zum Wahlerfolg beitragen können. Wichtig ist es vor allem, die entscheidenden Leute als Multiplikatoren zu gewinnen: Der erfolgreiche Wahlkämpfer muss vor seinem geistigen Auge einen Plan der ganzen Stadt, ja aller Städte Italiens haben, um an allen Punkten die wichtigsten Männer zu platzieren, Leute, die für ihn kämpfen, als wären sie selber Kandidaten. Bei der Behandlung des Volks muss Quintus zugeben, dass er hier um des Wahlerfolgs willen vom Pfad der guten Sitte ein wenig abweicht: «Schmeichelei» (*blanditia*), sonst ein Laster, ist für den Kandidaten eine Notwendigkeit. Und mitunter muss er sogar lügen. Es falle ihm schwer, schreibt Quintus, dieses seinem Bruder, als einem «Platoniker» (*homo Platonicus*) zu raten, aber dessen Situation mache es nötig. Gerne wüssten wir, wie Cicero selbst darüber gedacht hat!

In seinem *Commentariolum* spricht Quintus auch von dem schlechten Ruf, in dem die prominentesten seiner Gegenkandidaten stehen, C. Antonius und L. Sergius Catilina, «beide von Kindheit an Mörder, Wüstlinge, Verarmte»: «Welcher Bürger wäre so schlecht, dass er mit einer Stimmabgabe zwei Dolche gegen den Staat zücken wollte?» Diese beiden präsumtiven «Dolche» waren durch Wahlabsprache (*coitio*) miteinander gegen Cicero verbündet, wobei ihnen, jedenfalls nach Ciceros Überzeugung, der reiche Crassus im Verein mit Caesar den Wahlkampf finanzierte. In einer improvisierten Senatsrede, die wir aus Fragmenten kennen, attackierte Cicero kurz vor der Wahl die beiden Mitbewerber, unter Aufrollung ihrer Sündenregister: Sie wurde, vielleicht als eine Art Wahlkampfbroschüre, von ihm herausgegeben.

Die Mühe lohnte sich. Im Sommer 64, d. h. in dem für ihn frühestmöglichen Jahr, wurde Cicero mit den Stimmen aller Centurien zum Consul gewählt: Seit sechzig Jahren hatte kein *homo novus* mehr diese höchste Würde erreicht. Sein Amtskollege wurde, knapp vor Catilina, Antonius, das kleinere von zwei Übeln. Nun konnte Cicero, bisher nur *homo Platonicus*, für ein Jahr platonischer Philosophenkönig sein.

2. Triumph und Sturz (63–57 v. Chr.)

Ciceros Consulatsjahr war in seiner eigenen Sicht ein Jahr beispiellosen Erfolges, den er der Nachwelt mit allen Mitteln zur Kenntnis bringen wollte. Noch drei Jahre später stellte er zwölf seiner damals gehaltenen Reden zu einem Zyklus von *Orationes consulares* (Consularischen Reden) zusammen. Ferner schrieb er, um auch international anerkannt zu werden, einen griechischen Abriss (*hypómnema*) «Über sein Consulat». Und als kein anderer Dichter bereit schien, ihm ein veritables Epos zu widmen, zögerte er schließlich nicht, sich selbst als sein eigener Homer in drei Büchern *De consulatu suo* zu feiern. Dergleichen hat ihm mehr geschadet als genutzt, und so ist der moderne Betrachter fast geneigt, die von so viel Weihrauch eingehüllten Leistungen Ciceros zu unterschätzen. Sie waren aber beachtlich, gerade auch aus der Sicht der Zeitgenossen.

Reden eines «popularen Consuls»

Folgen wir dem Gang der *Orationes consulares*. Kaum hatten am 1. Januar die Consuln auf dem Capitol die gebotenen weißen Stiere geopfert, stand schon im Senat eine schwere Beratung an: Der Volkstribun Rullus hatte ein Ackergesetz (*lex agraria*) eingebracht, das auf Kosten von Staatseigentum armen Mitbürgern Landbesitz versprach. Solche Ackergesetze, seit den Gracchen ein Mittel popularer, d. h. auf die Sympathie des Volks abzielender Politik, waren der Mehrheit der Nobilität, die aus meist geizigen Grundbesitzern bestand, immer suspekt. Hier kam hinzu, dass das Gesetz eine Kommission von *Decemviri* (Zehnmännern) vorsah, die mit geradezu diktatorischen Befugnissen ausgestattet waren. Es war für Cicero leicht, vor Senatoren gegen das neue Gesetz zu sprechen (1. Rede *De lege agraria*).

Schwerer war es, denselben Standpunkt vor dem Volk zu vertreten, das ja letztlich zu entscheiden hatte (2. Rede *De lege agraria*, ein wenig bekanntes Meisterstück). Hier erregte Cicero nicht nur wie im Senat den Argwohn gegen die zehn «Tyrannen», sondern vor allem auch gegen die mutmaßlichen Hintermänner des Gesetzesantrags, die angeblich selber auf diese Machtstellung spekulierten, um damit eine Gegenmacht gegen (den bald aus dem Osten heimkehrenden) Pompeius aufzubauen – Pompeius, den Liebling des Volks! Ob dies tatsächlich die Hauptabsicht des Gesetzes war? Auf jeden Fall erreichte es Cicero, dass sich, wie später Plinius feststellte, «die Bürger ge-

gen ihre eigenen Lebensmittel entschieden»! Das Gesetz ge-
langte aber wohl gar nicht erst zur Abstimmung.

Cicero kam zugute, dass er nicht als adeliger Hardliner vor
die Bürger trat, sondern als einer von ihnen, ein *homo novus*
aus dem Volke. So wolle er, sagt er, denn ein ungewöhnlicher
Politiker sein, ein «popularer Consul» (*consul popularis*). Unter
«Popularen» verstand man sonst Politiker, die, um des Volks,
aber auch um des eigenen Vorteils willen, Politik vor allem mit
Hilfe der Volksversammlung gegen die Senatsmehrheit machten. Als ein solcher Popular galt damals Caesar und eben auch
Rullus. Cicero dagegen erklärte, dass man dieses Wort in seinem wahren Sinn verstehen müsse: *popularis* sei nicht einer, der
dem Volk Versprechungen mache, sondern vielmehr einer, der
dessen wirkliche Interessen wahrnehme, seinen Wunsch nach
Frieden, Freiheit und innerer Ruhe (*otium*).

Auch sonst galt es damals, in «Consularischen Reden» scheinbar populäre Attacken auf die bestehende Ordnung abzuweh-
ren. Das Volk rebellierte gegen ein Gesetz, das den Rittern privi-
legierte Sperrsitzreihen im Theater zuwies: Cicero überzeugte
sie davon, dass solche äußerlichen Unterscheidungen der Dignität staatserhaltend seien (*Or. cons.* 3, leider verloren). Noch
schwieriger: Das empörende Gesetz Sullas, wonach die Söhne
der von ihm Proskribierten von öffentlichen Ämtern ausge-
schlossen waren, sollte aufgehoben werden. Wieder gelang es
Cicero, durch Berufung auf das Staatswohl, dem Volk den Sinn
dieser Verordnung schmackhaft zu machen (*Or. cons.* 5, verloren). Seine eigene Uneigennützigkeit demonstrierte er, indem
er öffentlich auf die ihm nach seinem Amtsjahr zustehende
Provinz verzichtete (*Or. cons.* 6, verloren). Er präsentierte sich
aber auch als ein Mann, der Ruhe und Ordnung notfalls mit
Gewalt herzustellen bereit war. Im Prozess gegen C. Rabirius
rechtfertigte er die skandalöse Tötung eines aufrührerischen,
«popularen» Volkstribunen im Jahr 100 v. Chr. und versprach,
nicht anders handeln zu wollen als seinerzeit Consul Marius
(*Or. cons.* 4: *Pro Rabirio*). Auf diese hochpathetische Rede war
er am meisten stolz.

Der Catilinaputsch und die Rettung des Staats

Im Sommer 63 scheiterte Catilina, Ciceros Rivale vom Vorjahr, zum zweiten Mal mit seiner Bewerbung ums Consulat: Gewählt wurden D. Iunius Silanus und L. Licinius Murena. Nun entschloss sich Catilina, der sich schon vor der Wahl demagogisch zum Führer der «Habenichtse» (*miseri*) ernannt hatte, zu dem tollkühnen Versuch, durch eine Verschwörung mit Gewalt doch noch an die Macht zu kommen. Pompeius mit seinem Heer war im fernen Osten. So sollte eine Milizarmee aus verarmten Veteranen Rom bedrohen: Catilinas Verbündeter C. Manlius hob in Etrurien schon die Truppen aus. Gleichzeitig sollten Attentate auf prominente Persönlichkeiten zusammen mit gezielten Brandanschlägen innerhalb der Stadt für Verwirrung sorgen und den Putsch ermöglichen. Zum Glück war Cicero durch Spitzel über alle Pläne leidlich gut unterrichtet: *Comperi* («Weiß ich schon») hieß ein schon bald geflügeltes und belächeltes Wort des Meisterdetektivs.

Am 27. Oktober kam es zur offenen militärischen Erhebung des Manlius – die Rom in Schrecken versetzte. Catilina stritt alles ab, leugnete vor allem die Absprache mit Manlius. In der Nacht vom 6. zum 7. November trafen sich die Verschworenen zu einer letzten Beratung. Nach dieser Verschwörersitzung wollte Catilina Rom verlassen, um zu Manlius zu stoßen. Vorher aber sollte noch Cicero als Hauptgegner umgebracht werden. Das klang schon damals wie ein fast unglaublicher Räuberroman, zumal der schwer beschuldigte Catilina am 8. November im Senat erschien, um seine Unschuld zu demonstrieren. Cicero aber empfing ihn mit einer der berühmtesten Reden aller Zeiten, der ersten Catilinarie (= *Or. cons.* 7): *Quo usque tandem ...?*, «Wie lange noch ...?»; und als er seinem mutmaßlichen Mörder alle Vorwürfe ins Gesicht schleuderte, wagte der überrumpelte Revolutionär zunächst nicht, sie abzustreiten. Erst als ihn Cicero dazu aufforderte, die Stadt zu verlassen, fand Catilina die Sprache wieder und versuchte gegen den Consul Stimmung zu machen, indem er ihm unterstellte, er wolle ihn mit consularischer Gewalt ins Exil jagen. Cicero konterte: «Exil? Das befehle ich dir allerdings nicht, das rate ich dir (*non iubeo, sed suadeo*).» Ein wirklich guter Rat. Hätte Catilina ihn befolgt, hätte er wohl noch lange zu leben gehabt. So aber ging er, wie von Cicero prophezeit, zu seinem Kumpan Manlius, rief sich dort zum Consul aus und fiel drei Monate später im Kampf mit den Regierungstruppen.

Gegen Ciceros Prophezeiung hatten Catilinas Mitverschworene die Stadt nicht mit ihm verlassen (so in Cat. 2 = *Or. cons.* 8). Sie galt es nun zu enttarnen, aber nicht voreilig. Die Gelegenheit bot sich Anfang Dezember. Unvorsichtigerweise hatten die Catilinarier Verbindung aufgenommen mit einem gallischen Stamm, den Allobrogern, deren Gesandte gerade in Rom waren. Man denke: Gallier! Cicero, bestens informiert, nahm seinerseits Kontakt auf mit ihnen, ermunterte sie zur scheinbaren Fortsetzung der Verhandlungen und sorgte dafür, dass sie auf ihrer Heimreise verräterische Briefe mit Unterschriften bei sich trugen. Unter den Verfassern war kein Geringerer als ein amtierender Prätor und gewesener Consul aus bestem Hause, der schmerbäuchige P. Cornelius Lentulus Sura. An der Milvischen Brücke wurden die Gallier, wie verabredet, angehalten, ihre Briefe konfisziert und sofort in den am 3. Dezember schleunigst einberufenen Senat gebracht.

Den letzten Abschnitt dieses Kriminalstücks, die Enthüllungsszene, hätte dann kein Hercule Poirot besser inszenieren können. Zuerst wurden die Gallier, darauf die fünf Delinquenten, einer nach dem andern, hereingeführt und jeweils mit ihren Briefen und den Galliern konfrontiert. Dann erst – welches Risiko! – wurden die Briefe geöffnet und verlesen. Keine Frage: Landesverrat. Die Schurken gestanden, Stenographen schrieben mit. Cicero aber war mehr als der Held des Tages. Der Senatsälteste, Q. Lutatius Catulus, begrüßte ihn als «Vater des Vaterlands». Zu seinen Ehren wurde den Göttern ein Dankfest (*supplicatio*) gelobt. Er habe «Rom von Brand, die Bürger von Ermordung, Italien von Krieg befreit». Hohe und offenbar berechtigte Ehrungen – aber sie wurden noch überboten von den Hymnen, die Cicero in der anschließenden Volksrede (Cat. 3 = *Or. cons.* 9) auf sich selbst als neuen Stadtgründer «Romulus»

anstimmte. Hätte er nur die Fähigkeit gehabt, seine Leistungen
für sich wirken zu lassen!

Zwei Tage später, an den Nonen des Dezember, kommt es zur
berühmtesten römischen Senatssitzung aller Zeiten – sie sollte
vor allem für Ciceros weiteres Leben verhängnisvoll sein. Als ein-
berufender Consul legte er den Senatoren die Fragen vor, wie sie
den Tatbestand beurteilten und was sie für die angemessene Strafe hielten. Ein solches Urteil wäre normalerweise Sache eines Ge-
richts gewesen, aber interessanterweise wurde am 5. Dezember
von niemandem die Kompetenz des Senats bestritten. Zu über-
wältigend war der Eindruck des Schuldbekenntnisses, zu groß
schien wohl auch die Gefahr einer baldigen gewaltsamen Befreiung. Wer kannte die Zahl der noch verborgenen Catilinarier?

Abschreckung schien geboten. Beide designierte Consuln, als
erste befragt, stimmten für die «äußerste Strafe» (*extremum
supplicium*), d. h. für die Todesstrafe (die sonst in Rom an vornehmen Bürgern de facto nie vollzogen wurde), ihnen folgte die
Riege der vierzehn anwesenden Consulare (gewesene Consuln).
Erst der designierte Praetor C. Iulius Caesar wagte es, für eine
mildere Strafe einzutreten: Er stimmte für eine lebenslange Ein-
kerkerung der Verbrecher, verteilt auf verschiedene Munizipien,
um eine Befreiung zu erschweren. Für den Fall der Todesstrafe
jedoch warnte er vor der Rache des Volkes, das ein solches Urteil des Senats kaum hinnehmen werde. Das war, im Munde des
notorisch populären Caesar, eine Drohung, die Angst machen
konnte. Die Stimmung im Senat begann zu kippen.

Noch einmal ergriff Cicero (in *Cat.* 4 = *Or. cons.* 10) das Wort,
um den Antrag auf die auch von ihm favorisierte Todesstrafe mit
der durch sein Amt gebotenen Zurückhaltung zu unterstützen.
Er allein, gab er zu verstehen, werde für die Konsequenzen des
heutigen Tags einzustehen haben. Auf ihn aber solle man bitte
keine Rücksicht nehmen. Und so tat der Senat denn auch. Als
der junge M. Porcius Cato, damals noch ein Hinterbänkler, sich
als Erster traute, Caesar wegen heimlichen Komplizentums mit
Catilina zu attackieren und den Senat an alte Tugenden zu erinnern, schlug die Stimmung wieder um: Die Verbrecher sollten
nach Brauch der Vorfahren unverzüglich hingerichtet werden.

Man führte sie übers Forum ins Tullianum. Dort erwartete sie der Henker, und mit dem lapidaren Perfekt *Vixerunt* (Sie h a b e n gelebt) meldete der Consul dem Volk das Ergebnis seiner verhängnisvollen Tat. Vorläufig freilich gab es nur Jubel. Wie ein Triumphator wurde der Retter Roms vom Volk mit Sprechchören nach Hause geleitet, an den Türen brannten die Fackeln der Freude, von den Dächern grüßten Roms Frauen ihren Beschützer. So wurde Ciceros Kriminalstück gekrönt durch ein Opernfinale – wobei er nicht einmal mehr Regie führen musste.

Hatte Cicero legal gehandelt? Im Gegensatz zu vielen heutigen Historikern, die das energisch bezweifeln, war es die einhellige Meinung aller an den Nonen des Dezember Beteiligten, dass die Hinrichtung der Catilinarier rechtens war. Nicht einmal Caesar hatte das, wie aus Ciceros Rede eindeutig zu sehen, bestritten. Ob die Hinrichtung aber notwendig war, ist für uns schwer zu beurteilen. Cicero jedenfalls, der auf seine Tat immer stolz war, sollte wenig Freude an ihr haben.

Roms Retter muss sich verteidigen

Schon bald begann die Agitation gegen den Consul. Ein Volkstribun kündigte an, dass er Cicero daran hindern werde, am letzten Tag seines Consulats (29. Dezember) zum Volk zu sprechen: Wer römische Bürger hingerichtet habe, ohne ihnen das Recht auf Verteidigung zu geben, habe selber das Recht auf Rede verwirkt. Cicero aber benutzte diesen Einspruch zu einem letzten *coup de théâtre*. Er änderte den ihm gestatteten Amtseid, wonach er sich an die Gesetze gehalten habe, mit lauter Stimme dahingehend ab, dass durch ihn allein «der Staat gerettet worden sei». Und wieder geleitete ihn das akklamierende Volk in feierlicher Prozession nach Hause.

Eindrucksvoll, aber nicht wirkungsvoll genug. Als Cicero im folgenden Jahr bei Prozessen gegen die verbliebenen Catilinarier als kompetentester Zeuge regelmäßig deren Verurteilung durchsetzte, musste man das noch hinnehmen. Aber Ärger gab es, als er überraschenderweise einen der Inkriminierten, einen

gewissen P. Cornelius Sulla, verteidigte: Er, Cicero, wie kein anderer, wisse, dass der Mann unschuldig sei. Der jugendliche Ankläger, ein L. Manlius Torquatus, gab sich wütend über diese
«Tyrannei» des Exconsuls: Wer Catilinarier sei oder nicht, das
entscheide nun wohl Cicero allein. Und dabei wusste Torquatus
noch gar nicht, was man bald munkelte: dass Cicero von seinem
Mandanten Sulla einen großen Kredit für den Kauf eines neuen
Hauses in feinster Wohngegend auf dem Palatin erhalten habe.
Ein ungewöhnlicher Schatten auf Ciceros bürgerlicher Ehre.

Ein wichtiges Anliegen Ciceros im Sullaprozess war es, sein
eigenes Image etwas aufzubessern, um nicht nur einseitig als un-
nachgiebiger Catilinabezwinger wahrgenommen zu werden: Er
habe nun endlich wieder, sagte er, Gelegenheit, seine angeborene
Menschlichkeit zu zeigen. Das versuchte er auch in zwei weiteren Prozessen. Schon in der Rede *Pro Murena*, die noch im November 63 gehalten wurde, gab er einen humorvoll entspannten
Consul, der sich einen wenig gerichtsüblichen philosophischen
Exkurs, über paradoxe Dogmen der Stoiker, leistete. Und noch
weiter wich er im Jahr 62 in seiner Rede *Pro Archia* von seiner
Hauptaufgabe als Verteidiger ab. Dem Vorwurf der Anklage,
dass sich der Dichter Archias, Ciceros früherer Lehrer (S. 14),
das römische Bürgerrecht widerrechtlich angemaßt habe, begegnete er nur kurz; dafür sang er in aller Breite ein Loblied auf die
edle Poesie. In beiden Reden gebrauchte er erstmals einen Ausdruck, der anderthalb Jahrtausende später, in der Renaissance,
Karriere machen sollte: *studia humanitatis*, Humanitätsstudien,
wobei unter *humanitas* hier nicht so sehr die Mitmenschlichkeit
als vielmehr die geistige Bildung zu verstehen ist – in einem sehr
weiten Sinn: In *Pro Murena* ist die Philosophie gemeint, in *Pro
Archia* denkt Cicero an Rhetorik und besonders Poesie.

Während Cicero früher seine Freude am Geistigen und Griechischen eher verbergen musste, um nicht als Schulfuchs (*scho-
lastikós*) belächelt zu werden, war nun die Selbstdarstellung als
Schöngeist durchaus auch in seinem politischen Interesse. In einer Schrift über die richtige Provinzverwaltung, die er seinem
Bruder Quintus als Statthalter von Asia (Kleinasien) im Jahr 60
zusandte (*Ad Quintum fr.* 1,1), bekannte er, alles, was er in sei-

nem Leben erreicht habe, den «Wissenschaften und Künsten» der Griechen zu verdanken. Ihnen, die der Welt die Menschenbildung (*humanitas*) geschenkt hätten, gelte es mit besonderer Menschlichkeit (*humanitas*) zu begegnen. Das waren neue Töne in politischem Kontext.

Wichtig wäre es für Cicero gewesen, neben der Unterstützung des Senats auch die des Pompeius, der Ende 62 mit seinen Truppen zurückkehrte, für sich zu gewinnen. Schon in der dritten catilinarischen Rede hatte er seine eigenen Leistungen mit denen dieses damals berühmtesten Zeitgenossen auf eine Stufe gestellt. Ähnlich muss er sich in einem Brief an Pompeius geäußert haben, dem das aber überhaupt nicht passte, so dass er nur frostig den Empfang quittierte. Erst allmählich begann sich Pompeius mit ihm auch öffentlich zu solidarisieren – aber Cicero war überzeugt davon, dass er heuchle und in Wirklichkeit neidisch sei.

Wir wissen dies und vieles Ähnliche aus Ciceros Briefen an seinen Jugendfreund T. Pomponius Atticus. Von ihnen sind einige schon aus den Jahren 68 bis 65 erhalten, dann wieder vom Jahr 61 an. Es sind einzigartige Dokumente. Der Redner Cicero, der sonst fast immer eine Rolle spielen musste, hat hier dem Bedürfnis nachgegeben, sich einmal ganz unverstellt zu äußern. Dabei lernen wir nicht nur seine Empfindungen kennen, übrigens auch seine Fähigkeit zur Selbstironie, sondern nebenbei auch, wie nirgendwo sonst, die unter Gebildeten damals übliche Umgangssprache. Wer echtes, gesprochenes Latein lernen will, muss hier beginnen.

Zwei Ereignisse dieser Zeit sollten für die folgenden zehn Jahre von Ciceros Leben bestimmend sein: die Entzweiung mit Publius Clodius Pulcher und das sogenannte «erste Triumvirat». Clodius wurde im Dezember 62 der Akteur eines Religionsfrevels. Clodius war in Frauenkleidern in das Haus von Caesars Frau Pompeia eingedrungen, als man dort das Frauen vorbehaltene Fest der *Bona Dea* feierte – angeblich, um insgeheim mit der Hausherrin selbst intim zu werden. Skandal! Caesar, als Pontifex Maximus damals ranghöchster römischer Priester, ließ sich sogleich scheiden, ohne weiter zu recherchieren. Das sollte ein Sondergerichtshof erledigen. Vor ihm sagte als Zeuge der

Anklage Cicero aus und zerstörte ein von Clodius erfundenes Alibi. Dennoch sprachen die von Crassus bestochenen Richter Clodius mit knapper Mehrheit frei. Cicero empfand diesen Prestigeverlust als unbeträchtlich. Aber Clodius sann auf Rache.

Noch gewichtiger war das andere. Pompeius, Crassus und Caesar, der berühmteste, der reichste und der schon fast populärste Römer schlossen im Jahr 60 einen geheimen Dreibund: Keiner solle etwas tun, was einem der beiden anderen missfalle. Zunächst sollte aber Caesars Wahl zum Consul für 59 durchgesetzt werden. Cicero hörte davon im Dezember 60: L. Cornelius Balbus, ein Vertrauensmann Caesars, erschien bei ihm und erbat von ihm die Zusage, ein vom Consul Caesar geplantes Ackergesetz zu tolerieren; dafür werde Caesar als Consul seinen und des Pompeius Rat berücksichtigen, und er hoffe auch, Crassus und Pompeius zu versöhnen. Das war eine verklausulierte Aufforderung, dem Dreibund als Vierter beizutreten. Cicero dachte darüber nach, indem er, wie bei Philon gelernt (S. 17), «sokratisch nach beiden Richtungen» mit sich disputierte, aber lehnte ab, obschon ihm ein positiver Bescheid, wie er sah, «Versöhnung mit den Feinden, Friede mit der Volksmenge und ein ruhiges Alter» gebracht hätte. Wie hätte er mit einem Caesar paktieren können, der seine Karriere Bestechungen verdankte, die ihn fast ruiniert hatten! Und von dem Cicero immer überzeugt war, dass er zusammen mit Crassus lange Zeit geheimer Verbündeter Catilinas gewesen war. Die im Schreiben an Quintus beschworene «Vereinigung von Macht und Weisheit» (*coniunctio potestatis et sapientiae*) im Sinne von Platons Philosophenkönig (S. 11) war mit diesen Partnern bestimmt nicht zu erreichen.

Cicero wird vertrieben

Auf den Dreibund des Jahres 60 hat ein prominenter römischer Geschichtsschreiber, C. Asinius Pollio, den Anfang des Bürgerkriegs datiert, der offen ja erst im Jahr 49 ausbrechen sollte. Dies ist begreiflich, schon wenn man auf das nun folgende Consulat von Caesar sieht, eine Folge von Gewalt und Rechtsbrüchen. Cicero, verbittert darüber, wies im März in einer Prozessrede für seinen eigenen früheren Kollegen Antonius auf die Misslichkeit der Zustände hin – ohne Erfolg: Antonius wurde verurteilt; und ihm selbst verpasste Caesar einen schmerzhaften Denkzettel. Sein Feind Clodius, ein nobler Patrizier, der seit Jahren erfolglos versuchte, zur Plebs überzutreten, um so Volkstribun werden zu können, wurde vom Pontifex Maximus Caesar durch eine widerrechtliche Adoption im Hauruckverfahren zum Plebeier erklärt. Damit wurde der Feind zur tödlichen Gefahr.

Clodius, zum Volkstribun gewählt, veröffentlichte nun schon im Januar seines Amtsjahrs 58 einen Gesetzesvorschlag, wonach «derjenige, der einen römischen Bürger ohne Verurteilung getötet habe, geächtet sein solle». Klar, dass Clodius damit auf Cicero zielte, aber noch war kein Name genannt. So war es ein Fehler, den Cicero später bereute, dass er nun sofort Volk und Ritterschaft um Hilfe anrief, ja sich selbst – wie ein im Kriminalprozess Verklagter – die Haare wachsen ließ und Trauerkleidung anzog. Er hatte sich selbst in die Rolle des Angeklagten manövriert.

Als Clodius erklärte, er handle im Einverständnis mit Pompeius, Crassus und Caesar, versuchte Cicero, wenigstens seinen Freund Pompeius zum Einschreiten zu bewegen. Dieser entzog sich feige. Und als Clodius unverhohlen mit den Truppen Caesars drohte, die damals noch, ohne in ihre Provinz aufzubrechen, vor Rom lagen, widersprach Caesar nicht. Stand also ein Bürgerkrieg bevor, wenn Cicero Widerstand leistete? Der Consul L. Calpurnius Piso Caesoninus, der sich den Machthabern fügte, machte Cicero den etwas ironisch formulierten Vorschlag, er solle doch zum zweiten Mal «den Staat retten» und gehen. Nach Römerart befragte Cicero seine Freunde, und sie rieten dasselbe. Cicero verließ also Rom in der Nacht, bevor über das Gesetz abgestimmt wurde, um so möglichen Häschern zu entkommen und nach Griechenland zu fliehen. Das Gesetz wurde angenommen, Ciceros Haus auf dem Palatin abgebrannt.

Damit nicht genug. Um Cicero den Rückweg nach Rom endgültig abzuschneiden, brachte Clodius einen neuen Gesetzesvorschlag ein, wonach Cicero nunmehr persönlich geächtet sein sollte, weil er – das war hinterhältig – einen gefälschten Senatsbeschluss aufgezeichnet habe. Damit war nun wirklich er der allein Verantwortliche für die Nonen des Dezember. Bis zum 4. August 57, dem Tag seiner Rückkehr nach Italien, war er in Griechenland im «Exil», wie man heute sagt, dem Sprachgebrauch des Clodius folgend: Cicero widersprach dem mit Recht, denn er hatte nie die Absicht gehabt, seine Staatsbürgerschaft (*civitas*) aufzugeben, und die zweite *lex Clodia* betrachtete er als widerrechtlich.

Die siebzehn Monate des «Exils» waren die furchtbarsten in Ciceros Leben, wie wir aus vielen Briefen wissen. Er, der immer Anerkennung genossen hatte, sah sich nun von allen verlassen und geschmäht. Nur selten ermannte er sich zu stolzer Selbstbehauptung: «Nicht unser Fehler, unsere Tugend hat uns zu Boden geworfen» – meist sucht er eine Schuld in eigenem Fehlverhalten, vor allem aber im falschen Rat seiner teils guten, teils neidischen und hinterhältigen Freunde. Auf jeden Fall war er der unseligste aller Menschen und konnte sich nur den Tod wünschen – aber selbst für den war ja der richtige Moment aus Feigheit verpasst! Dies, eben dies war der quälendste Gedanke.

Und wo blieb Ciceros Philosophie? Konnte ihm die bei Philon, Antiochos und Platon studierte Ethik keinen seelischen Halt bieten? Sie konnte es nicht, ja Cicero kam gar nicht auf die Idee, gerade in der Philosophie Trost zu suchen. Sie war ihm bis dahin immer nur die Ratgeberin seines politischen Handelns gewesen. Erst mehr als ein Jahrzehnt später sollte sie ihm auch die Vertraute seines privaten Lebens werden (S. 88).

3. Cicero rehabilitiert und entmachtet (57–54 v. Chr.)

Schon bald nach Ciceros Flucht, im Juni 58, wurde im Senat über seine Rückberufung verhandelt. Die Auseinandersetzungen darüber gingen ins folgende Jahr und führten zu blutigen Straßenschlachten. Entscheidend war, dass sich Pompeius, in Absprache mit Caesar, im Frühjahr 57 wieder für Cicero einzusetzen begann. Man hielt ihn wohl für genügend eingeschüchtert – außerdem hatte sich Pompeius längst mit dem politischen Springteufel Clodius überworfen. Gegen dessen erbitterten Widerstand wurde also am 4. August 57 durch Gesetz Ciceros Ächtung aufgehoben und die Rückgabe seines konfiszierten Vermögens beschlossen. Einen Tag später schon war Cicero wieder in Brundisium (Brindisi); dann trug ihn bald «ganz Italien fast auf den Schultern zurück» nach Rom. Am 4. September wurde er vom Volk unter viel Applaus aufs Capitol geleitet, wo er zunächst einmal den Göttern dankte.

Die Reden nach der Rückkehr (*post reditum*)

Zu Ciceros gewinnendsten Charakterzügen gehört seine Fähigkeit, Dankbarkeit zu zeigen. In zwei großen Reden, im Senat und vor dem Volk, preist er nun auch seine irdischen Wohltäter, allen voran Pompeius, «fast den größten Menschen aller Völker, aller Jahrhunderte, der ganzen Geschichte». Mit ihm hoffte er sich erneut zu verbünden. Dann lobt er, nach Dignität geordnet, die für seine Rückberufung entscheidenden Amtsträger sowie Bruder Quintus und Schwiegersohn Piso Frugi. Aber auch das Laster bekommt seinen Lohn: A. Gabinius und Piso, die als Consul des Jahres 58 versagt hatten, werden mit schneidendem Witz verhöhnt: der eine als Bruder Leichtfuß mit parfümierten Löckchen, der andere als heuchlerischer Vertreter altrömischer Moralität mit Schmuddelbart.

Von der Senatsrede, die stilistisch noch ausgefeilter ist, bezeugt Cicero, dass er sie – bei ihm völlig ungewöhnlich – aus einem Manuskript vorgelesen habe, natürlich vor allem, um keinen Namen versehentlich auszulassen. Bedenklich an beiden Reden ist die Art, wie Cicero nunmehr die Gründe für seine Flucht aus Rom erläutert. Während er zuvor immer der Meinung gewesen war, diese sei verkehrt gewesen, herbeigeführt durch den Rat falscher Freunde und seine eigene Todesfurcht, wird nun der Fehler nachträglich zur Heldentat verklärt. Folgende zwei Gründe für das «Fortgehen» (*discessus*) nennt

Cicero nunmehr. Erstens habe er damals gesehen, dass mit ihm auch der Staat (_res publica_) selbst Rom verlasse, so dass er, Cicero, mit diesem dereinst auch zurückkehren werde. Dieser eigenartige Gedanke, nach dem also nicht Cicero, sondern Rom im «Exil» gewesen wäre, ist wohl der Ursprung der bei ihm von nun an häufig zu findenden Vorstellung, er selbst sei quasi identisch mit der _res publica_. – Als zweite Rechtfertigung seines _discessus_ führt Cicero, nicht ganz zu Unrecht, an, er habe durch sein Weggehen Rom Blutvergießen erspart und damit den Staat «zum zweiten Mal gerettet» – diese Deutung hatte ihm ja schon im Jahr 58 Consul Piso vorgeschlagen. Überhöht wird sie nunmehr dadurch, dass Cicero sein Fortgehen zu einem freiwilligen «Opfertod» (_devotio_) stilisiert, mit dem er den Hass der Bösen «durch den Einsatz des eigenen Körpers» stellvertretend auf sich gezogen habe. Es ist das gute Recht des Advokaten, alle Fakten im eigenen Parteiinteresse zu färben. Hier hat man jedoch fast den Eindruck, dass Cicero selbst seine Geschichte zu glauben beginnt.

Noch zweimal in dieser Zeit hatte er die Gelegenheit, seinen _discessus_ zu interpretieren. Die eine bot ein kurioses Rechtsproblem in Betreff seines Hauses. Clodius hatte den diabolischen Einfall gehabt, auf dem Grundstück von Ciceros Haus, während es konfisziert war, ein Heiligtum der Libertas, Göttin der Freiheit, zu bauen und zu weihen (_dedicare_). Weihung aber war eine irreversible Überführung von menschlichem in göttliches Eigentum. Als Cicero sein Haus zurückforderte, widersprach also Clodius. Und der Senat ersuchte das Kollegium der römischen Priester (_pontifices_) um ein Gutachten. Dieses lud die Kontrahenten zum 29. September 57 vor, und so kam es zur großen Abrechnung der beiden Streithähne.

Die verlorene, aber aus Cicero rekonstruierbare Rede des Clodius, der hier als Anwalt der heiligen römischen Religion auftrat, ist vor allem darum interessant, weil in ihr zum ersten Mal explizit Ciceros Ruhmredigkeit verspottet wurde. So sagte Clodius, Ciceros Formulierungen hohnvoll zitierend: «Bist du der Mann, den der Senat nicht entbehren konnte, den die Guten betrauerten, nach dem der Staat sich sehnte?» Auch aus dem

Epos *De consulatu suo* führte Clodius voller Spott einiges an. Spätestens von nun an bis an sein Lebensende musste sich Cicero nicht mehr nur mit dem Vorwurf der Grausamkeit (wegen der Nonen des Dezember), sondern immer auch mit dem der Eitelkeit auseinandersetzen.

Ciceros Rede *De domo sua*, sprichwörtlich geworden unter dem Namen *Pro domo* («in eigener Sache»), galt ihm selbst als ein alle Reden übertreffendes Meisterwerk, das er schnurstracks zu publizieren habe. Dies betrifft weniger den Scharfsinn der Beweisführung in einer schlechten Rechtslage als die großartige Emotionalität, mit der Cicero die Handlungen seines Feindes und seine eigenen Gefühle darstellt. Aus tiefstem Empfinden heraus schildert er den Schmerz, den ihm der Verlust gerade seines Hauses auf dem Palatin machen musste: «Wenn dort dieses Denkmal (sc. das Heiligtum der Libertas) bleibt, das kein Denkmal der Tugend, sondern ihr Grabmal ist, beschrieben mit dem Namen meines Feindes, dann heißt es besser auswandern, als noch in der Stadt zu wohnen, in der ich die Trophäen sehen muss, die man über mich und den Staat errichtet hat.»

Die Priester waren beeindruckt und erstellten ein für Cicero günstiges Gutachten: Er durfte bauen. Auch die Götter drückten zunächst ein Auge zu – allerdings nicht lange, wie es schien. Wohl im Sommer des folgenden Jahres hörte man in Latium ein auf Götterzorn deutendes Erdgrollen, das von den zuständigen Eingeweideschauern unter anderem auf die «Entweihung heiliger Orte» zurückgeführt wurde. Ein gefundenes Fressen für Clodius, der nun erneut eine Senatsdebatte über Ciceros Haus entfesseln wollte. Cicero verhinderte dies durch seine höchst lesenswerte Rede *De haruspicum responso* (Über das Gutachten der Haruspices): Sie enthält ein lebhaftes Bekenntnis zur römischen Staatsreligion – über die er sich später in seinen philosophischen Schriften dann etwas differenzierter äußern sollte (S. 99).

Cicero im Hochgefühl seiner Möglichkeiten

Die letzte Gelegenheit, *discessus* und Rückkehr ausführlich darzustellen, bot ein kurioser Prozess im März 56: P. Sestius, der
sich als Volkstribun 57 auch körperlich in Straßenschlachten für
Cicero verkämpft hatte, war wegen Gewalt bzw. Terrorismus
(*de vi*) angeklagt – wohl ohne ernstliche Aussicht auf Verurteilung. Man munkelte sogar etwas von *praevaricatio* (Absprache
der Anklage mit der Verteidigung). In Ciceros Rede, der letzten
von fünf Reden, ging es wohl weniger darum, die Unschuld des
Angeklagten bei den Tumulten d. J. 57 nachzuweisen – Cicero
argumentierte mit Notwehr –, als vielmehr darum, den zu erwar-
tenden Freispruch als Zustimmung zu seinem hier entwickelten
politischen Programm zu deuten.

Den Ausgangspunkt bildet eine verächtliche Äußerung des
Anklägers über die «Optimaten-Sippschaft» (*natio optima-
tium*). Diese Vokabel, *optimates*, diente seit Anfang des ersten
Jahrhunderts zur Selbstbezeichnung der Adeligen als der «Besten» (gewöhnlich *optimi*), dem Wortsinn nach etwa gleichbe-
deutend mit unseren «Aristokraten». Man stellt sie, wie Cicero
darlegt, üblicherweise in Gegensatz zu den *populares*. Unver-
merkt macht nun Cicero aus dieser Standesbezeichnung den
Namen einer politischen Gesinnung der «Gutgesinnten» (ähnlich wie er es früher mit dem Begriff *populares* gemacht hat
[S. 35]). *Optimates* gibt es in allen Ständen, bis hinab zu den
Bauern, Händlern, sogar Freigelassenen! Für ihr politisches Ziel
prägt er eine klassisch gewordene Formel: *cum dignitate otium*,
«Muße mit Würde» (unter diesem Motto schicken wir noch
heute verdiente Honoratioren in den Ruhestand). Dabei ist
unter *otium* in erster Linie die innere «Ruhe» des Staats zu verstehen, unter *dignitas* das «Ansehen» sowohl des Einzelnen als
auch des Staatsganzen. Keines von beiden, lehrt Cicero, darf auf
Kosten des anderen erstrebt werden. Beider gemeinsame Grundlagen sind die traditionellen Institutionen des römischen Staats:
religiöse Einrichtungen, Auspizien, Machtbefugnisse, Senats-
autorität usw. bis zur Staatskasse. Sie müssen von den echten
Optimaten verteidigt werden.

Gegen wen? Hier gibt Cicero eine grundsätzliche Klassifikation der Staatsfeinde. Es sind 1. Verbrecher, die Angst vor Bestrafung haben (man denkt vor allem an Catilina), 2. Krawallmacher, denen die Unruhe im Staat eine perverse, dämonische Freude macht (Clodius!), 3. übel Verschuldete, die nur ein allgemeiner Zusammenbruch retten kann (ein aktueller Fall war Gabinius). Der Kampf gegen diese Unholde ist mühsam, weil sie in der Regel dynamischer sind als die Guten, die oft schwerfällig sind und erst spät aufwachen (Pompeius!). Aber der Kampf ist aussichtsreich, mehr als je zuvor. Denn – man höre – es gibt heute keinen Konflikt mehr zwischen dem Volk und seinen Führern: Das Volk ist zufrieden mit seinem *otium*, der *dignitas* der Vornehmen und dem Ruhm (*gloria*) des Staates. Die Demagogen, die es aufhetzen wollen, reden gar nicht mehr dem Volk nach dem Mund, sondern kaufen sich mit Bestechung ein Volk, das bereit ist, ihnen zuzuhören. Cicero krönt seine Darlegung durch einen Ausblick auf den Lohn, den der echte Staatsmann auch jenseits des äußeren Erfolgs gewinnt: den unsterblichen Ruhm, ja vielleicht die Vergöttlichung.

War Ciceros Analyse der politischen Faktoren richtig? Die Historiker belächeln seine angeblich naive Einteilung in «Gut» und «Böse»: Diese moralische Betrachtungsweise treffe nicht die eigentlichen Hintergründe der römischen Staatskrise (die erst durch die Monarchie zu beheben war). Ich meine, dass Cicero hier wohl nur einen, allerdings wichtigen, Punkt übersehen hat – den Willen zur Macht. Die drei geheimen Potentaten dieser Jahre, Pompeius, Caesar, Crassus (die auch gemeinsam an Ciceros Verbannung schuld waren), wollten jeder für sich eine die Institutionen sprengende Machtfülle – am deutlichsten Caesar, der sich damals in Gallien eine ihm ergebene Armee für den eventuellen Bürgerkrieg zu schaffen begann. Schon im Jahr 59 hatte er ja erklärt, «er werde hinkünftig allen auf den Köpfen herumtrampeln». Eine Gestalt wie er war mit Ciceros Kategorien nicht zu erfassen; und er blieb wohl auch Cicero immer unverständlich. Denn Cicero selbst strebte nie eigentlich nach Macht – umso mehr dafür nach Anerkennung.

Seine Hoffnung setzte Cicero damals auf Pompeius, den er

insgeheim von Caesar loszulösen gedachte. Während er Letzteren in der Rede *Pro Sestio* noch schonte, erlaubte er sich einige Spitzen im Zeugenverhör. Als dort nämlich der Caesarianer P. Vatinius Cicero verhöhnte, weil er wegen Caesars Glück nun wohl gar dessen Freund geworden sei, entgegnete er kühn: ihm sei das angebliche Unglück von Caesars seinerzeit schwer misshandeltem Mitconsul Bibulus lieber als alle Siege und Triumphe (gedacht an Gallien). Die Stimme eines Philosophen! Cicero hebt in seinem späteren Bericht ausdrücklich hervor, dass er diese und ähnliche Bemerkungen in Anwesenheit von Pompeius gemacht habe – sie waren offenbar auch als eine Art Test gedacht. Aber Pompeius hörte weg – oder ließ Cicero auflaufen.

In seinen Reden nach der Rückkehr hatte Cicero versprochen, sich weiterhin seine alte Freiheit der Meinungsäußerung (*libertas*) bewahren zu wollen. Das machte er vor allem wahr am 4. April 56, als einer der Consulkandidaten im Senat Caesars Ackergesetz von 59 attackierte und dabei vor allem den Verlust des *ager Campanus*, kampanischen Staatslands, beklagte. Cicero witterte Morgenluft und setzte nach mit dem Antrag, über ebendiese Frage eine Senatsdebatte am 15. Mai abzuhalten. «Konnte ich einen schärferen Angriff auf das Bollwerk jener Sache (Caesars bzw. der Triumvirn) machen?», sagte er später. Der Antrag wurde zwar angenommen, aber der Schuss ging nach hinten los.

Ein Esel kapituliert

Caesar, der über die feindselige Stimmung in Rom informiert war, traf sich schon Mitte April 56 mit Crassus und Pompeius zur berühmten «Konferenz von Luca», durch die der Dreibund erneuert wurde: Pompeius und Crassus sollten im Jahr 55 Consuln werden, Caesar sein Kommando bis zum Jahr 50 behalten. Dabei beklagte Caesar sich bitter über Ciceros unbotmäßige Äußerungen, und Pompeius gab diese Klagen weiter an Ciceros Bruder Quintus, der damals als Legat sein Untergebener war. Er, Quintus, solle ihm für seines Bruders Marcus Wohlverhalten bürgen. Eine klare Drohung.

Cicero, durch siebzehn Monate «Exil» gedemütigt, vergaß die versprochene *libertas* und knickte ein. An Atticus schrieb er: «Da uns diejenigen, die keine Macht haben, nicht lieben wollen (gemeint seine Neider im Senat), wollen wir uns bemühen, von denen geschätzt zu werden, welche die Macht haben.» Das habe Atticus ihm schon früher geraten: «Ich weiß, dass du es wolltest, und dass ich ein rechter Esel (*asinus germanus*) gewesen bin.»

Das bedeutete, dass Cicero die Absichten der Triumvirn nunmehr nicht nur passiv tolerierte, sondern auch aktiv unterstützte. Gelegenheit dazu bot zuerst eine Senatsdebatte über die Bestellung der Provinzen für die (noch nicht gewählten) Consuln des Jahres 55: Wären dies die im Augenblick von Caesar verwalteten Provinzen, die beiden Gallien, gewesen, so hätte Caesar im Jahr 54 gegen die Vereinbarung der «Triumvirn» sein gallisches Kommando verloren und wäre in Rom der Attacke seiner Gegner, vor allem durch einen Prozess, ausgesetzt gewesen. Der Cicero nunmehr abverlangte Einsatz für Caesar in der Senatsrede *De provinciis consularibus* (Über die Consularprovinzen, Mai/Juni 56) war ihm sichtbar peinlich – in einem Briefzeugnis sprach er geradezu von einer «etwas genierlichen Palinodie» (Widerruf). Er erklärte darin, seine frühere Feindschaft mit Caesar nicht nur um des Staats willen zurückgestellt, sondern sogar aus Patriotismus gänzlich überwunden zu haben: Zu wichtig für Rom seien Caesars herrliche Siege, durch die nun endlich ganz Gallien Rom unterworfen werde – das erste große Stück Caesarpanegyrik, das wir haben. Das war, wie jeder sah, eine Kapitulationsurkunde.

Cicero blieb auf dieser neuen Linie. In der Rede *De haruspicum responso* (Sommer 56?) ermahnte er in fast eindeutigen Worten den Senat dazu, sich mit den Triumvirn zu verständigen. Im Herbst 56 verteidigte er L. Cornelius Balbus, einen Gefolgsmann Caesars, gegen den Vorwurf, sich das römische Bürgerrecht angemaßt zu haben. Weniger erfreulich war es für Cicero, dass er auch so unsympathische Leute wie den Caesarianer Vatinius und schließlich sogar den verhassten Gabinius, den Consul von 58, verteidigen musste (diese im Jahr 54 gehaltenen Reden hat er auch nicht veröffentlicht).

Wenigstens gegen dessen Mitconsul Piso, der ihn seinerzeit noch mehr erbost hatte, durfte er einmal frei vom Leder ziehen. Als dieser im Sommer 55 von Cicero kritisiert wurde, beklagte er sich seinerseits über Cicero, dass dieser aus Feigheit die wirklich an seinem Exil Schuldigen, gemeint Caesar und Pompeius, schone. Das war eine unangenehme Wahrheit. Ciceros Ärger entlud sich in einer zum Teil witzigen, meist aber nur noch unflätigen Schimpfkanonade über Piso, der als militärischer Versager, vor allem aber als Wüstling und epikureische «Sau» verhöhnt wurde. Das vorchristliche Altertum war in solchen Dingen nicht zimperlich; aber dieser Hassausbruch Ciceros überbietet fast alles sonst Bekannte. Er selbst war allerdings zufrieden und meinte, die Schuljungen würden dereinst seine Invektive «wie nach Diktat auswendig lernen».

Erfreulicher ist eine andere Rede des Jahres 54: *Pro Plancio.* Hier durfte Cicero, wegen Wählerbestechung, einen Mann, Cn. Plancius, verteidigen, der ihm als Quaestor von Makedonien im schwersten Augenblick seines Lebens (Sommer 58) geholfen, vielleicht das Leben gerettet hatte – was jetzt Gelegenheit zu einem erschütternden Tränenfinale gab. In politischer Hinsicht interessant war die Gestalt des Anklägers, M. Iuventius Laterensis. Er war einer der jungen adeligen Anticaesarianer, die Cicero sein Einverständnis mit den Triumvirn als Feigheit übelnahmen. Er behauptete sogar, Ciceros *discessus* sei damals unnötig gewesen: Ein Heer hätte hinter ihm gestanden, hätte er es nur führen wollen.

Ein Alters- und Gesinnungsgenosse dieses Laterensis war C. Licinius Calvus, dessen feurige Reden gegen Vatinius noch im späteren Altertum viel bewundert wurden (vgl. S. 83); ein weiterer dessen Intimfreund, der berühmte Dichter Catull (C. Valerius Catullus). Dieser schrieb nicht nur Liebeslyrik von unerhörter Intensität, sondern führte auch eine höchst politische Feder, mit der er besonders Caesar und Pompeius angriff. Auch Cicero wurde nicht ganz geschont: In einem scheinbar huldigenden Gedicht nennt er ihn den «besten Patron (Prozessanwalt) von allen» (*optimus omnium patronus*). Das klingt im Deutschen harmlos – anders im Lateinischen: Gemeint sein kann auch, dass Cicero der beste Patron ist – «für alle», weil er nach dem Diktat der Triumvirn eben «alle», auch alle Nichts-nutze, verteidigen muss!

Cicero, der sich in diesen Jahren so oft rechtfertigen musste, hatte das Bedürfnis, auch einmal in größerem Zusammenhang den Wechsel seiner Haltung zu erläutern. Dies geschah 54 in einem Brief an P. Cornelius Lentulus Spinther, den um Cicero verdienten Consul von 57. Er verschwieg in diesem großen Schreiben (*Ad familiares* 1,9) nicht den persönlichen Druck, dem er nach der Konferenz von Luca durch Pompeius ausge-setzt war (S. 50), auch nicht die Verstimmung über seine Neider im Senat; entscheidend aber sei gewesen, dass er in Pompeius wie in Caesar letztlich um den Staat hochverdiente Männer habe erkennen müssen – ihnen habe er dann auch die Aussöh-nung mit Crassus nicht abschlagen können. Wenn er nun auch nicht immer dasselbe sage wie früher, so bleibe sein Ziel doch unverändert: *cum dignitate otium*. Dabei wird auch Platon zur Rechtfertigung einer flexiblen Haltung zitiert: Wie dem Vater, so dürfe man auch dem Vaterland nie Gewalt antun. Cicero war seinem platonischen Ideal des Philosophenkönigs auch in dieser Zeit nicht völlig untreu. Vor allem aber wurde er nun der König der römischen Philosophen.

4. Cicero wird politischer Philosoph
(55–49 v. Chr.)

Ciceros bisherige Publikationen standen fast alle im Zusam-menhang mit seiner politischen Tätigkeit. Nun, da hier seine Handlungsmöglichkeiten beschränkt waren, trieb es ihn erst-mals auch als Schriftsteller mit Macht zur Philosophie, die sein Leben von Jugend an bestimmt hatte. Er wollte, wie man so-gleich erkennt, ein «römischer Platon» werden. Nicht sicher wissen wir, ob ihn dazu auch das Vorbild des «römischen Empe-dokles», des epikureischen Dichters Lukrez, motiviert hat. Als philosophischer Prosaschriftsteller ist Cicero auf jeden Fall

bahnbrechend. Die Philosophie vor ihm hatte sich immer der
griechischen Sprache bedient. Die gelegentlich erwähnten Epikureer Amafinius und Rabirius sind jedenfalls nach den ersten
Philosophica Ciceros zu datieren.

Eine platonische Werktrias

Wir haben zwar kein ausdrückliches Zeugnis über den inneren
Zusammenhang der drei großen Werke Ciceros, die nun in den
Jahren 55 bis 51 entstanden sind, aber klar ist, dass sie alle drei
an Vorbildern Platons orientiert sind, in der Dialogform wie im
Inhalt. Auch drängt sich die Vermutung auf, dass sie den drei
Stufen von Ciceros idealem Lebensplan entsprechen sollen.
    1. Der Dialog *De oratore*, Über den Redner, handelt vom
vollkommenen Redner, gewissermaßen von dessen Idee. Er ent-
spricht Ciceros erstem Lebensziel: Roms größter Redner zu
werden. Vorbild ist der von Rhetorik handelnde *Phaidros* Pla-
tons. 2. Der Dialog *De re publica*, Vom Staat, handelt von zwei
Idealen: dem besten Staat und dem besten Bürger. Er entspricht
Ciceros zweitem Lebensziel, das er mit dem Consulat erreicht
hatte: führender Politiker zu werden. Vorbild ist, auch dem
Titel nach, Platons *Politeia*. 3. Der letzte (unvollendete) Dialog
De legibus, Über die Gesetze, gibt dem römischen Staat ideale
Gesetze. Er dürfte Ciceros Wunschvorstellung entsprechen, als
Consular und damit prominenter Senator bei der Gesetzgebung
entscheidend mitsprechen zu können. Vorbild hierfür sind, wiederum auch im Titel, Platons *Nomoi*.
    Auch die Idee, drei Dialoge zu einer Art Corpus zu verknüp-
fen, geht auf Platon zurück: Man denkt besonders an die Trilogie *Theaitetos*, *Sophistes*, *Politikos*. Was aber die äußere Form
des Dialogs betrifft, ist nicht nur Platon ein Modell, sondern
auch Aristoteles, dessen einst hochgerühmte Dialoge leider
verloren sind, und der vielgelesene Platonschüler Herakleides
Pontikos, der in seinen Dialogen Männer einer schon entfernten
Vergangenheit auftreten ließ (wie Scipio in Ciceros *De re publica*). Große Mühe gibt sich Cicero wie Platon mit der drama-
tischen Einkleidung der Dialoge und mit der Charakterisierung

der Personen, die echte Persönlichkeiten des römischen Adels, nicht nur Träger bestimmter Ansichten sind. Es ist nicht ganz der ungezwungene Plauderton des Sokrates, den wir von ihnen hören. Die Granden der römischen Republik behandeln einander auch in ihren Villen, in die sie sich zur Freizeit zurückziehen, mit einer gewissen Grandezza. Setzt man sich in Platons *Phaidros* unmittelbar ins grüne Gras, so lässt man sich in *De oratore* Kissen bringen.

Philosophie und Rhetorik (*De oratore*)

Der Dialog *De oratore*, Über den Redner (55 v. Chr.), spielt im Jahr 91 v. Chr. und behandelt programmgemäß ein Problem der Bildung: Braucht der vollkommene Redner eine umfassende, vor allem auch philosophische Allgemeinbildung, oder genügt es, wenn er begabt ist und die notwendige Übung hat? Der erstere Standpunkt ist der des Redners Licinius Crassus, den Cicero für den größten Redner seiner Generation hielt; den letzteren vertritt der ebenfalls hochgeschätzte M. Antonius, der aber im Lauf des Dialogs seine Ansicht ziemlich modifiziert. Diesen Hauptdebattanten sekundieren zwei Redner der jüngeren Generation, Cotta und Sulpicius (S. 17); weitere Mitunterredner treten im Lauf des Gesprächs hinzu.

Schon in der Vorrede zum ersten Buch bekennt sich Cicero zur Auffassung des Crassus und führt dafür gute Gründe an: Wie könnte ein Redner überzeugen ohne Kenntnisse aus der Geschichte und dem römischen Recht? Wie ohne eine Fülle von Gedanken vor allem aus der Moralphilosophie? So wäre der Dialog rasch am Ende, würde Cicero nicht mit dieser Diskussion ein zweites verbinden: eine Gesamtdarstellung der rhetorischen Theorie aus römischer Sicht. Crassus und Antonius kommen nämlich nach der Eröffnungsdiskussion im ersten Buch überein, ihre Ansicht von der Redekunst im großen Zusammenhang vorzutragen, und sie halten sich dabei an das traditionelle Aufbauschema der griechischen Rhetorik, das jedem Leser Ciceros bekannt war (S. 15).

Natürlich begnügen sich beide Redner nicht damit, die wich-

tigsten theoretischen Lehrsätze vorzustellen, sie illustrieren sie
mit Fällen aus der Praxis und ergänzen, ja korrigieren sie auf
Grund eigener Erfahrung. Einen philosophischen Zug hat vor
allem die Darstellung der *inventio* (Erfindung), die den größten
Teil des zweiten Buchs ausmacht. Antonius folgt hier nämlich
nicht der Methode der gängigen Handbücher, die sich an den
Redeteilen (S. 28) orientieren, sondern hält sich an eine Gliederung des Philosophen Aristoteles. Danach gibt es grundsätzlich drei Mittel der Überredung: 1. auf die Sache bezogene, die
etwas beweisen, 2. auf den Redner bezogene, die für ihn einneh-
men, 3. auf den Hörer bezogene, die diesen emotional beein-
flussen. Während aber dieses dritte, die Wirkung auf die Affekte, dem Denker Aristoteles eher unsympathisch war, betont der
Redner Antonius, ganz im Einklang mit Ciceros Praxis, die über-
wältigende Wichtigkeit gerade des emotionalen Appells. Die in
diesem Sinn gegebene Musteranalyse seiner uns verlorenen Rede
Pro Norbano ist die instruktivste Interpretation einer Rede, die
wir überhaupt aus dem Altertum haben.

Aber erst im Rahmen der *elocutio* (der sprachlichen Ausge-
staltung) kommt Cicero wieder zum Hauptproblem seiner
Schrift, dem Verhältnis von Philosophie und Rhetorik. Anknüp-
fend an seine Gedanken in *De inventione* über die ursprüngliche
Einheit von Redekunst und Weisheit (S. 9) lässt er nun Crassus
eine eigenartige Konstruktion der griechischen, z. T. auch römischen, Kulturgeschichte vortragen. Jene Einheit, *sapientia* genannt, habe sich manifestiert in griechischen Gesetzgebern und
«Weisen» (wie Lykurg, Pittakos, Solon). Diesem Ideal seien
auch noch Politiker wie Themistokles und Perikles gefolgt; ihnen hätten ähnlich universale Lehrer wie Gorgias, Thrasymachos und Isokrates entsprochen.

Hier wird der Platonfreund stutzig. Waren Gorgias und Thrasymachos nicht eben die Redelehrer bzw. Sophisten, über deren
angebliche Weisheit sich Sokrates bei Platon lustig machte? Und
war Isokrates mit seiner Rednerschule nicht unmittelbarer Konkurrent von Platon und dessen Akademie? So ist es – aber es
kommt noch schlimmer: Eben Sokrates war es, sagt Crassus unter merklichem Protest, der den Namen *philosophia*, der bis da-

hin alles Denken und Reden umschloss, diesen universalen Rhe-
torikern entriss und nur noch für sich allein als Philosophiespe-
zialisten in Anspruch nahm. So entstand ein «Zwiespalt von
Zunge und Herz» (*discidium linguae atque cordis*) – das Herz,
nicht das Hirn, galt ja in der Antike meist als Sitz des Denkens –,
ein Zwiespalt, der in der Pädagogik dazu führte, dass an Stelle
ganzheitlicher Lehrer nunmehr Philosophen und Rhetoriker getrennt sich der Jugend annehmen: Das sei «abwegig und unnütz», zu fordern sei vielmehr eine rhetorisch-philosophische
Gesamtschulung. Wir denken an Philon (S. 16).

Vergleicht man das mit dem Prooemium von *De inventione*,
sieht man, wie stark sich Ciceros Denken gewandelt hat. Auch
dort beklagte er ja den epochemachenden Rückzug des (dort
nicht namentlich genannten) Sokrates aus der Politik. Aber die
Schuld an der Trennung von *sapientia* und *eloquentia* lag bei
den Advokaten, die ihre einseitig gepflegte Redekunst miss-
brauchten. Jetzt dagegen geht alles Unheil von Sokrates aus:
Gorgias und Thrasymachos, die Gegner des Sokrates, und
Isokrates, Platons Rivale, sind die Vertreter des richtigen Ideals
einer umfassenden Bildung! Nirgendwo sonst ist Cicero so weit
von seinem sonst innig verehrten Platon abgewichen. Mit seiner
Schrift *De oratore* beabsichtigt er eigentlich nichts anderes, als
gegen Platon ein älteres, sophistisches, «vorsokratisches» Bildungsideal zu erneuern.

Wir lassen die Frage, ob Ciceros Vorstellung von den Sophisten historisch korrekt ist, beiseite und stellen fest, dass es jedenfalls seinem «sophistischen» Standpunkt entspricht, wenn nun
die moralische Problematik des Rhetorischen – das war ja der
Ausgangspunkt in *De inventione* und in Platons *Gorgias* – überhaupt nicht diskutiert wird. Das Ziel der Erörterungen von
Crassus ist nicht mehr, dass sich die Guten bzw. Weisen oder Philosophen die Redekunst aneignen sollten, um nicht den Schlechten das Regieren zu überlassen, sondern genau umgekehrt: dass
sich die Redner die Philosophie aneignen müssen – wozu? Um
bessere Menschen oder weisere Politiker zu werden? Nein, sondern um die Philosophie vor allem als ein Arsenal von Gedanken zum Zwecke besserer Überredung gebrauchen zu können.

Das entspricht natürlich einer Erfahrung, die Cicero auf dem Forum gemacht hat: Wer konnte so wie er z. B. in *Pro Tullio* oder in *Pro Milone* das positive Recht gegen das Naturrecht und umgekehrt ausspielen! Aber das eigentliche Anliegen des jungen Cicero, das Anliegen Platons, zusammengefasst in dem Ideal des Philosophenkönigs, scheint fast vergessen. Ich sage: scheint. Schon die folgende Schrift ist gerade in dieser Hinsicht wieder zutiefst platonisch.

Philosophie und Politik (*De re publica*)

Fast nebenbei hatte Cicero in *De oratore* die klassische Definition der Rhetorik als einer «Meisterin der Überredung» – ohne sie der Sache nach aufzugeben – durch eine andere, weitere ersetzt: Ihre Aufgabe sei es, «über jeden beliebigen Gegenstand glanzvoll (*ornate*) und nachdrücklich (*copiose*) sprechen zu können». Das hatte seinen Sinn gerade im Rahmen seiner aktuellen Schriftstellerei: Denn dann war ja der beste Redner, d. h. Cicero, auch der beste, wenn nicht Philosoph, so doch Darsteller philosophischer Gedanken. So war *De oratore* implizit auch eine Programmschrift für das mit ihr beginnende Werk von Roms erstem lateinischen Philosophen.

In *De re publica* (abgefasst 54–52 v. Chr., nur unvollständig erhalten) wird nun zuerst ein genuin philosophisches Thema aus der Ethik, genauer Sozialethik, behandelt: die Frage nach dem besten Staat. Platon hatte sie am radikalsten beantwortet. Angeblich um das Wesen der Gerechtigkeit besser zu verstehen, beginnt sein Sokrates in der *Politeia*, ein Staatsmodell zu bauen, das sich schließlich als der – in der Wirklichkeit noch nicht existierende – Idealstaat entpuppt.

Cicero nun bekannte zwar in einem sonst verlorenen Teil des Prooemiums ausdrücklich, sich Platon anschließen zu wollen, gestaltete dann aber etwas völlig Eigenes: Der Idealstaat muss nicht konstruiert werden, wie Platon meinte, er ist längst vorhanden im römischen Staat, freilich nicht in dessen gegenwärtiger Verlotterung, sondern in dem Optimalzustand, den er hat, wenn er sich auf seine eigentlichen Grundsätze besinnt. Ein berühmter Vers des Ennius, an herausgehobener Stelle zitiert, kann als Motto des Ganzen gelten: *Moribus antiquis res stat Romana virisque* – «Sitte der Alten verbürgt Roms Macht und die Männer der Alten». Ihm entsprechend handeln die ersten vier Bücher vom besten Staat, die letzten beiden vom besten Bürger.

Das Prooemium zum ersten Buch führt uns hinein in das Zentrum von Ciceros Leben: Soll ein vernünftiger Mensch überhaupt politisch tätig sein? Viele raten davon ab, aber Cicero bejaht die Frage mit Emphase. Er geht davon aus, dass der Mensch kraft seiner geselligen Natur von sich aus dazu dränge, für seine Mitmenschen verantwortlich zu handeln. Dabei weiß er nichts von einem Willen zur Macht, ja zunächst nicht einmal etwas von dem Prestige, das politische Aktivität bringen kann. Erst als die Gegner mit den Unbilden argumentieren, denen der Politiker ausgesetzt sein könne, Lebensgefahr, Kerker und Verbannung, und dabei sogar an Ciceros eigenes Schicksal erinnern, spricht er davon, dass jedenfalls ihm sein Unglück mehr Ruhm als Beschwerlichkeit gebracht habe.

Wie unverändert hier sein Denken im Kern gegenüber *De inventione* geblieben ist (S. 10), zeigt seine Replik auf den Einwand, der Politiker mache sich notwendig die Hände schmutzig, wenn er sich mit unsauberen Gegnern abgebe: Es könne doch für einen guten Menschen keinen triftigeren Grund geben, in die Politik zu gehen, als ebenden, dass er den Bösen nicht gehorchen wolle. Und weil die Tugend (*virtus*) etwas sei, was außerhalb der Praxis gar nicht existiere, darum sei wahre Politik nichts anderes als praktizierte Philosophie.

Da das Zentralproblem nicht, wie in *De oratore*, kontrovers ist, gibt es nur einen Hauptgesprächsführer: den jüngeren Scipio (P. Cornelius Scipio Aemilianus), als Politiker eine Autorität. In seinem Todesjahr (129 v. Chr.) besuchen ihn in seinem Vorstadtpark verschiedene Bekannte, deren Prominentester sein Intimfreund C. Laelius ist. Hat Cicero wirklich geglaubt, dass es unter diesen Männern philosophische Diskurse dieser Art gegeben habe? Wohl kaum. Er selbst weist darauf hin, als er Scipio im Rahmen der Eingangsplauderei nebenbei sagen lässt, man dürfe

ja nicht den Sokrates Platons mit dem historischen Sokrates ver-
wechseln – also auch nicht den ciceronischen Scipio mit dem
historischen. Das hätte ein Warnschild sein müssen für alle Philologen und Historiker, die sich einen «Scipionenkreis» ausma-
len, in dem man lateinisch philosophiert und gar noch den Begriff *humanitas* erfunden hätte. Philosophensprache war seinerzeit noch Griechisch.

Laelius stellt das Thema: Welches ist die beste Staatsverfas-
sung (*status civitatis*)? Ein, wie man weiß, bei den Griechen
vielverhandeltes Problem. Sofort macht Scipio klar, dass er sich
keinem von diesen anschließt, obwohl er sie kennt: Er wolle
über diese Dinge reden «wie ein normaler Togaträger», der seine Weisheit mehr römischer Praxis als griechischer Theorie verdanke. Hochplatonisch ist dann aber sogleich der Beginn mit
einer Begriffsdefinition. Was überhaupt ist der Staat, *res publica*? Scipio gibt eine Bestimmung zur Antwort, die tief aus der
lateinischen Sprache geschöpft ist: *res publica* ist *res populi*,
«Sache des Volkes». Damit ist nicht gemeint, dass das Volk das
Sagen haben müsste, wie in der Demokratie, wohl aber, dass es
immer um das Volksganze zu gehen hat, das durch Recht und
gemeinsame Interessen zusammengehalten wird.

Die gegebene Staatsdefinition legt noch nicht die Form der
Regierung fest. Scipio unterscheidet nach üblicher, griechischer
Einteilung drei Staatsformen, je nach dem Sitz der «planenden
Gewalt» (*consilium*): Monarchie, wenn diese bei einem ist; Aris-
tokratie, wenn sie beim Adel ist; Demokratie, wenn sie beim
Volk ist. Alle drei sind in Gefahr zu entarten: die Monarchie zur
Tyrannis, die Aristokratie zur Oligarchie, die Demokratie zur
Ochlokratie. Dabei vermeidet Cicero bzw. Scipio die griechi-
schen *termini technici* (Fachbegriffe), die doch auch wir bis
heute verwenden, er ersetzt sie auch nicht durch neugebildete
lateinische Kunstwörter, sondern versucht, entweder lateinische
Entsprechungen zu finden oder (meist) die Sache durch Um-
schreibung wiederzugeben. Zehn Jahre später wird er hier andere Wege gehen (S. 93).

Scipio vergleicht nun die drei reinen Formen der Verfassung
und stellt fest, dass die Monarchie für sich genommen die beste

Form wäre. Noch besser freilich als sie sei diejenige Verfassung, «die aus allen drei einfachen Staatsformen gleichmäßig gemischt ist». Hier bricht Scipio seine Darlegungen ab, da er nicht wie ein griechischer Philosoph seine Hörer indoktrinieren wolle. Er wolle sich vielmehr, sagt er, dem zuwenden, was alle kannten und wonach sie dennoch schon lange auf der Suche seien – was mag das wohl sein? Der römische Staat! E r hat die ideale gemischte Verfassung: «So bestimme ich, so meine ich, so behaupte ich, dass keiner von sämtlichen Staaten sich […] mit dem vergleichen lasse, den unsere Väter schon von den Vorvätern her erhalten und uns hinterlassen haben.»

Ein Glück, dass dieser Kernsatz des Werks von Scipio und nicht von Cicero gesprochen wird. In seinem dogmatischen Anspruch – «So bestimme ich …» – widerspricht er ja strikt Ciceros «akademischem» Grundsatz, nie eine Meinung mit völliger Gewissheit, sondern immer mit einer gewissen skeptischen Reserviertheit vorzutragen (S. 18) – einem Grundsatz, dem er noch in *De oratore* deutlich Rechnung getragen hatte. Hat also Cicero seinen philosophischen Standpunkt gewechselt? So haben schon manche gemeint. Aber auch später bekennt er sich zum Skeptizismus. Oder wollte er andeuten, dass Scipio, der Freund des Stoikers Panaitios, hier etwas anders als er selbst gedacht habe? Sicherlich spielt eine Rolle, dass es hier nicht um Themen geht, die von griechischen Philosophen diskutiert werden: Es geht um den römischen Staat, von dessen Vollkommenheit Cicero so tief überzeugt ist, dass er an dieser Stelle seinen Scipio gerne einmal als Dogmatiker reden lässt.

So wird nun im zweiten Buch der Idealstaat nicht durch eine Modellkonstruktion errichtet, sondern durch eine rational strukturierte Nacherzählung der römischen Geschichte. Der römische Staat, lehrt Scipio, entstamme ja nicht dem konstruktiven Plan eines einzigen, sondern einer in Jahrhunderten organisch gewachsenen Tradition. In der Königszeit herrschte das monarchische Element vor, aber schon Romulus zog eine Art Senat zur Beratung heran, also etwas Aristokratisches; die Wahlcomitien unter Servius Tullius brachten ein Stück Demokratie, später verstärkt durch das Volkstribunat. Cicero bzw.

Scipio kombiniert dabei, wie ausdrücklich festgestellt wird, zwei Methoden der Darstellung, unter Vermeidung von deren Einseitigkeit: 1. die Konstruktion eines nur gedachten Staats, wie bei Platon, 2. die bloße Deskription verschiedener realer Staatsformen, wie bei anderen Politologen. Von Platon übernimmt er die Orientierung an dem einen Staat; von den anderen die Ausrichtung auf die Realität. – Leider ist von diesem informativen Buch viel verloren gegangen.

Noch weniger haben wir von den folgenden drei Büchern. Im dritten, das noch einigermaßen rekonstruierbar ist, ging es um die für Platon zentrale Frage, ob die Gerechtigkeit nützlich sei. Einige Sophisten hatten das geleugnet und ein «Recht des Stärkeren» behauptet, was der akademische Philosoph Karneades in einer berüchtigten, in Rom gehaltenen Rede wieder aufnahm: Wollten die Römer gerecht sein, müssten sie alles im Lauf der Jahrhunderte Geraubte herausrücken und in die Hütten der Urväter zurückkehren. Wie ärgerlich! Nun verficht in *De re publica* ein gewisser L. Furius Philus als *advocatus diaboli* den für die Römer peinlichen Standpunkt des Karneades, während Laelius, gewissermaßen als Advokat Platons, die Gerechtigkeit als nützlich verteidigt: Sie beruht, lehrt er, auf dem Naturrecht und ist konstitutiv für den Staat; Staaten ohne Gerechtigkeit (wie die Entartungsformen Tyrannis usw.) sind überhaupt keine Staaten mehr. Und die Römer? Sie führen laut Laelius nur gerechte Kriege: «Durch Verteidigung unserer Bundesgenossen hat unser Volk sich bereits der ganzen Welt bemächtigt.» Auch diesen naiven Satz hätte Cicero selbst kaum sprechen können. In seiner Rede über Caesars Kommando (S. 51) hatte er implizit zugegeben, dass der Gallische Krieg ein Eroberungskrieg war.

Nachdem in dem uns fast gänzlich verlorenen vierten Buch Einzeleinrichtungen des Staats behandelt worden waren, ging es im fünften und sechsten programmgemäß um den «besten Bürger» (*optimus civis*). Scipio spricht dabei fast stets wie von einem Einzelnen – woraus man oft geschlossen hat, er habe schon an einen monarchischen Princeps wie Augustus gedacht. Gemeint ist aber mit diesem «Staatslenker» (*rector rei publicae*) nur einer der führenden Politiker, die im Rahmen der Institutionen, also besonders des Senats, kraft ihrer Autorität maßgeblich die Politik bestimmen. Die Macht des späteren Augustus dagegen beruhte auf dem Militär.

Ciceros *rector*, von dem er sich die Rettung des «verlorenen Staats» erhofft, ist im Übrigen ein unverkennbarer Philosophenkönig: Er hat vor allem das Glück aller Bürger im Auge, er ist weise, gerecht und maßvoll, gebildet in griechischer Literatur und im römischen Recht, ohne dabei Jurist zu sein. Dieser ideale Politiker hat einiges gemeinsam mit dem idealen Redner von *De oratore*, nur dass bei jenem gerade auf die moralische Qualität kein Wert gelegt wurde. Wie anders nun! Dem *optimus civis* untersagt es Scipio sogar, die Richter mit der Redekunst zu «bestechen». Auch das hätte Cicero in eigener Person nicht sagen können, jedenfalls nicht ohne rot zu werden.

Grandios ist das Finale des Werks, das uns wieder vollständig erhalten ist: der Traum Scipios (*Somnium Scipionis*), eines der schönsten Stücke lateinischer Prosa. Platon hatte seine *Politeia* mit dem «Mythos» einer apokalyptischen Jenseitsreise gekrönt. Der Skeptiker Cicero macht daraus einen Traum, in dem Scipio, in Himmelssphären entrückt, mit seinem «Adoptivgroßvater» Scipio Africanus und seinem leiblichen Vater Aemilius Paullus spricht: Sie belehren ihn über die Natur des Weltalls und die Unsterblichkeit der Seele (die für Cicero immer etwas Unbeweisbares war), und sie zeigen ihm vor allem, dass es für verdiente Politiker im Himmel einen Platz gibt, wo diese ewiges Glück genießen. Der jüngere Scipio ist hingerissen und wünscht sich den Tod: «Was weile ich noch auf Erden?» Aber sein Vater belehrt ihn, gut platonisch (und christlich), dass sich keiner der vom Gott gewiesenen Aufgabe entziehen darf, bis dieser ihn aus den Banden des Körpers befreit. Eine Mahnung zum politischen Handeln schließt ab.

Hält Ciceros Analyse des römischen Staats von der Sache her letztlich stand? Kritiker monieren, dass er gerade die Faktoren übersehen habe, die den überkommenen Staat damals bedrohten: vor allem die übermächtigen Heerführer wie Marius, Sulla, Pompeius, Caesar, die man einerseits zur Erhaltung des Weltreichs benötigte und die andererseits vom Senat nicht zu bändigen waren. Richtig, aber Cicero hat mit Bedacht seinen Dialog in die Zeit vor diesen Militärs, in das Jahr 129, gelegt, denn es ging ihm gar nicht darum, gegenwärtige Machtverhältnisse zu analysieren, sondern vielmehr darum, ein Idealbild des römischen Staats zu geben.

Philosophie und Recht (*De legibus*)

Wie Platon nach seiner *Politeia* (Staat) den Dialog *Nomoi* (Gesetze) schrieb, so wollte auch Cicero den Dialog *De re publica* durch *De legibus* krönen. Und weil er annahm, dass mit dem namenlosen «Athener», der an Stelle des üblichen Sokrates dort das Gespräch leitet, Platon sich selbst gemeint habe, übernahm nun er in Person den Hauptpart und verlegte den Ort der Handlung auf ein Landgut bei seiner Vaterstadt Arpinum. Und doch ist das innere Verhältnis der Werke zueinander verschieden: Durch Platons *Nomoi* wurde ein modifizierter bzw. zweitbester Staat entworfen; die Gesetze von Ciceros *De legibus* sind dagegen für den unveränderlich festgeschriebenen Idealstaat Scipios geschrieben – überraschenderweise sollen sie allerdings auch in den sonstigen Staaten der Welt gelten können.

Anders als in den vorausgegangenen Werken sind die Gesprächspartner dieses in der unmittelbaren Gegenwart (52/51 v. Chr.) spielenden Dialogs weltanschaulich festgelegt: Bruder Quintus neigt zur Stoa, Freund Atticus bekennt sich zu Epikur (wovon er hier aber öfter absieht). Cicero müsste nun eigentlich die Position des skeptischen Akademikers vertreten (S. 18), aber sein Standpunkt ist ein eindeutig stoischer. Fundament aller Gesetze, ja alles positiven Rechts ist ihm, wie im ersten Buch dargelegt wird, ein Naturrecht (*ius in natura positum*). Die Existenz dieses Naturrechts, das als höchste Vernunft allen Menschen und Göttern ihr Tun und Lassen vorschreibt, wird allerdings mehr behauptet als bewiesen. Am überzeugendsten scheint der Hinweis auf die allen Völkern gemeinsamen Moralvorstellungen: Überall liebt man Wohltätigkeit und Dankbarkeit, hasst Grausamkeit und Undank – aber sonderbarerweise wird nicht unmittelbar daraus induktiv auf ein (allen mehr oder minder bewusstes) Naturrecht geschlossen, sondern vielmehr rein deduktiv aus der allen Menschen gemeinsamen Vernunft (*ratio*), nach der es dann auch ein allen Menschen gemeinsames Recht (*ius*) geben müsse! Cicero ist sich des spekulativen Charakters dieser Darlegungen bewusst. An einer Stelle gibt er sogar zu verstehen, dass sie einer scharfen Attacke durch Vertreter der «Neuen», skeptischen Akademie nicht standhalten könnten. Aber jedenfalls scheint er das Dogma des Naturrechts, das ja auch in seinen Reden eine große Bedeutung hat, für plausibel zu halten.

Mindestens fünf Bücher hat Cicero vollendet, erhalten sind nur zweieinhalb. Im zweiten Buch beginnt er mit der Aufstellung von Gesetzen. Dabei ist nicht ganz klar, wie das Verhältnis zum ersten Buch zu sehen ist: Sollen diese Gesetze aus dem Naturrecht hergeleitet werden? Oder soll das Naturrecht Kriterien zur Beurteilung der Gesetze liefern? Wie es sich aber gehört für einen frommen Römer, beginnt Cicero mit den Gesetzen, die die Religion betreffen. Er formuliert sie in einer feierlich urtümelnden Sprache, so anhebend: *AD DIVOS ADEVNTO CASTE* [...]. *QVI SECVS FAXIT, DEVS IPSE VINDEX ERIT.* (Den Göttern sollen sie sich rein nähern [...]. Wer anders tut: Rächer wird der Gott selbst sein.) Man beachte den archaischen Subjektwechsel im zweiten Satz. Gesetze schreiben ist für Cicero vor allem auch ein linguistisches Vergnügen. Was das Sachliche angeht, bleibt er, mehr als es seinem globalen Programm entspräche, römischen Einrichtungen verhaftet. Etwa mit den etruskischen *haruspices* (Eingeweideschauern) könnte ein griechisches oder gar chinesisches Staatswesen wohl nur wenig anfangen. Dafür erhalten wir hier eine erste Gesamtdarstellung der römischen Religion.

Ebenso enthält das (unvollständig überlieferte) dritte Buch eine Art Darstellung des meist ungeschriebenen römischen Staatsrechts in Form von Gesetzen vor allem für die einzelnen Magistrate. Erstaunten Widerspruch bei Ciceros Gesprächspartnern erregt seine Behandlung des Volkstribunats, das er trotz dessen Revolutionsgeruchs und der eigenen bitteren Erfahrungen mit Clodius als staatserhaltend verteidigt – auch hier, wo es weh tut, ein Bewahrer der Tradition. – Wer sonst hätte damals einen so durchdachten Entwurf einer römischen Verfassung schreiben können?

Wir wissen noch, dass das vierte Buch vom Prozessrecht handelte; für den Rest lassen uns die Quellen im Stich. Sicher ist aber, dass Cicero dieses Werk nicht selbst herausgegeben, wahrscheinlich also, dass er es gar nicht zu Ende geschrieben hat. Im Mai 51 musste er in seine Provinz Kilikien aufbrechen; damals dürfte die Arbeit liegen geblieben sein. Wenn Cicero sie später nicht mehr aufnahm, dann vielleicht auch im Bewusstsein der Mängel seiner Schrift, der im Gegensatz zu *De oratore* und *De re publica* die ganz große, eigene Gesamtidee zu fehlen scheint.

Der Miloprozess (52 v. Chr.):
Ciceros Meisterrede für einen Mörder

Die Unterwerfung unter die Triumvirn im Jahr 56 zwang Cicero dazu, vielen alten Feindschaften abzuschwören; seinen Freunden blieb er aber auch in schwerer Zeit treu. T. Annius Milo, der im Jahr 57 entscheidend dazu beigetragen hatte, dass Ciceros Rückkehr beschlossen werden konnte, sah sich Anfang 52 einem fast aussichtslosen Prozess ausgesetzt. Auf der Via Appia bei Bovillae war er am 19. Januar zufällig mit seinem alten Feind Clodius zusammengestoßen, beide Männer mit einigem Gefolge. Dabei kam es zu Handgreiflichkeiten, wobei Clodius selbst verwundet wurde, so dass man ihn in ein nahegelegenes Wirtshaus transportierte. Milo ließ das Wirtshaus stürmen, Clodius wurde herausgezerrt und vollends totgeschlagen; der Leichnam blieb auf der Straße liegen, bis ihn ein zufälliger Passant nach Rom brachte. Dort verbrannten ihn die Clodianer in der Curie, dem Sitzungshaus des Senats, das dabei in Flammen aufging.

Die chaotischen Zustände, die folgten, führten dazu, dass man zwei Monate später Pompeius zum *consul sine collega* (Consul ohne Kollegen) ernannte, d. h. zu einem Quasi-Dictator. Als solcher setzte er kraft Gesetzes ein speziell für die «Schlacht von Bovillae» bestimmtes Gericht ein, das nach einem zügigen Modus zu verfahren hatte: Plädoyers durften erst nach dem Zeugenverhör gehalten werden, die Redezeiten wurden stark beschränkt (drei Stunden für die Verteidigung). Jedem war klar, dass Pompeius, der starke Mann der Stunde, die Verurteilung Milos wünschte: Er gab zu verstehen, dass Milo auch ihn umbringen wolle.

Als Cicero schon im Vorfeld des Prozesses für Milo eintrat, hetzten vier Volkstribunen die Leute gegen ihn auf. Er aber bewies, wie sein antiker Kommentator, Asconius, schreibt, «Charakterfestigkeit und Treue» gegenüber seinem alten Freund. Als nach einem turbulenten Zeugenverhör von drei Tagen am 7. April die Schlussplädoyers gehalten wurden, sprach er allein für Milo auf einem Forum, das von Soldaten des Pompeius besetzt war. Sie sollten zwar Ordnung schaffen, konnten oder wollten aber nicht verhindern, dass Sprechchöre der Clodianer Ciceros Rede von Anfang an störten. So konnte er sein Konzept nicht durchhalten, wirkte unsicher, und Milo wurde denn auch verurteilt. Das Altertum kannte aus einer stenographischen Mitschrift noch die von Cicero damals wirklich gehaltene Rede. Sie unterschied sich wesentlich von der uns bekannten Rede *Pro Milone*, die Cicero veröffentlicht hat. Da am Anfang dieser geschriebenen Rede Cicero Pompeius dafür lobt, dass die Waffen seiner Soldaten «der Verteidigung nicht nur Hilfe, sondern auch Ruhe versprechen» – was, wie wir wissen, gerade nicht der Fall war –, ist aus dieser impliziten Kritik klar, dass dies ebendie Rede ist, die Cicero halten wollte und gehalten hätte, wenn Pompeius für Ruhe gesorgt hätte: die sozusagen ideale Miloniana – sein «Meisterwerk», wie das Altertum urteilte.

Sie ist in der Tat ein Wunderwerk, sowohl in der brillanten Verwendung der schulmäßigen rhetorischen Topik als auch in der alles Schulmäßige hinter sich lassenden Ingeniosität der Gesamtanlage. Auf drei Ebenen versucht Cicero den von Zeugen schwer belasteten Mörder des Clodius zu rechtfertigen. Auf der ersten argumentiert er damit, dass die Tat in Notwehr geschehen sei, da ihr ein geplanter Überfall des Clodius vorausgegangen sei. Die zweite Ebene der Argumentation ist die, dass es sich bei der Tötung des Clodius um die heldenhafte Beseitigung eines Staatsfeinds handle: Diese Argumentation kann nur hypothetisch eingeführt werden, da sie Absicht voraussetzt, mit der behaupteten Notwehr also unverträglich ist. Cicero argumentiert demnach: Hätte Milo Clodius ermordet, so könnte er sich dieser Tat rühmen, wie etwa die berühmten Tyrannenmörder von Athen usw. Auf einer dritten Ebene schließlich verschmelzen beide Argumentationen mit Hilfe der Theologie: Die Tat ist zwar wirklich mit Absicht geschehen – aber es war nicht menschliche Absicht, sondern die der Götter, die, um Rom zu retten (Version II), Clodius die aberwitzige Idee eingaben, einen Überfall auf den tapferen Helden Milo zu versuchen (Version I) …

Ebenso genial war auch die von Cicero geplante Bühneninszenierung. Milo, zum philosophischen Helden stilisiert, verzichtet, wie einst Sokrates, auf alle Mittel der Mitleiderregung, indem er gerade nicht, wie die Angeklagten sonst, unrasiert und ungewaschen in Lumpen auftritt und indem er keine Träne vergießt. So erfleht Cicero – denn ein Tränenfinale darf auch hier nicht fehlen – nicht für Milo, der als Held sich das verbittet, das Mitleid der Richter, sondern für sich selbst, Cicero, den Unglückseligen, falls es ihm nicht gelingen sollte, seinen geliebten Freund, dem er so dankbar sein muss, vor der Verurteilung zu retten …

Keine Behandlung des Miloprozesses kann auf eine Anekdote verzichten, die schöner als Ciceros Rede den Charakter dieses Haudegen illustriert. Als er im Exil von Marseille Ciceros ihm zugesandte Rede las, soll er zurückgeschrieben haben: «Ein Glück, lieber Cicero, dass du diese Rede so nicht gehalten hast. Sonst könnte ich hier nicht die delikaten Seebarben essen.» Die hier und sonst bezeugte Abweichung der geschriebenen Rede *Pro Milone* von der gehaltenen hat zu übertriebenen Verallgemeinerungen geführt: Vielfach meint man, dass Cicero seine Reden bei der Veröffentlichung stark umgearbeitet und dabei oft einer veränderten politischen Lage angepasst habe. Das beruht z. T. auf einer nicht ganz korrekten Vorstellung von Ciceros Arbeitsweise. Man bedenke: Eine schriftliche Rede, bevor Cicero sie hielt, existierte nicht. Cicero sprach im Wesentlichen nach memorierten Stichworten. Die Rede, die er nachträglich zum Zweck der Publikation niederschrieb, falls er das überhaupt tat, war also die erste schriftliche Fassung und dürfte sich schon darum in der Regel an das wirklich Gesprochene gehalten haben. Das Motiv dieser Redenpublikation ist aber, nach Ciceros eigenen Äußerungen, nicht so sehr die politische Wirkung als vielmehr die Absicht, der studierenden Jugend rhetorische Musterstücke zu liefern. Hierin macht *Pro Milone* keine Ausnahme: Gerade der große Rhetorikpädagoge Quintilian hat sie wie keine andere geliebt.

Vor dem Bürgerkrieg (51–49 v. Chr.)

Zwischen Pompeius, dem starken Mann in Rom, und Caesar, dem Eroberer Galliens, war zur Zeit des Miloprozesses die offizielle Freundschaft einer eifersüchtigen Rivalität gewichen. Crassus, als Dritter im Bunde einst eine zusammenhaltende Kraft, war im Jahr 53 im Partherkrieg gefallen; Caesars Tochter Iulia, geliebte Ehefrau des Pompeius, war schon ein Jahr zuvor gestorben; Pompeius heiratete nun im Jahr 52 die Tochter eines prominenten Caesargegners. Noch schlimmer war, dass zwei von Pompeius, als *consul sine collega*, erlassene Gesetze die von Caesar dringend benötigte Möglichkeit, sich um das Consulat von 48 in Abwesenheit bewerben zu dürfen, erschwerten. Caesars Feinde im Senat fühlten sich gestärkt: Man arbeitete darauf hin, Caesar bald seines Kommandos zu entheben und drohte dem alsdann Wehrlosen mit einem Prozess. Wäre es denkbar, dass Caesar jetzt sein Heer gegen Rom führt? Pompeius äußerte sich vorsichtig: Er zweifle nicht an Caesars Loyalität. Cicero schwieg dazu. Nicht nur Pompeius war sein Freund, er war auch Caesar verpflichtet, und sein Bruder Quintus diente bei diesem seit 54 als Legat in Gallien.

Da rief ihn überraschend eine andere Aufgabe. Nach einem der neuen Gesetze des Pompeius wurde ihm, der seit seiner Quaestur von 75 keine Provinz mehr gesehen hatte, im Februar 51 als Proconsul vom Senat Kilikien zugeteilt – eine «große Lästigkeit», wie er sagte, der er sich aber nicht entziehen konnte. Am 31. Juli war er in seiner Provinz. Dort ängstigten ihn zwei Dinge: erstens, dass man ihm das verhasste Proconsulat um ein Jahr verlängern könnte – seine römischen Freunde flehte er an, das zu hintertreiben – und zweitens, dass Kilikien von den gefürchteten Parthern angegriffen werden könnte. Zum Glück trat beides nicht ein. Und Cicero erhielt Gelegenheit, die Herzen der von seinem Vorgänger übel misshandelten Provinzbewohner wieder für Rom zu gewinnen.

Überraschenderweise winkte ihm sogar noch kriegerischer Lorbeer. Im Zusammenhang der Präventivmaßnahmen gegen einen Partherangriff ließ er einige Bergstädte, die bisher nicht unterworfen waren, erobern: Nach gutem Brauch riefen dabei die Soldaten ihren siegreichen Kommandanten zum Imperator aus – und der hatte damit nun seine dritte große Sorge bzw. Hoffnung: nämlich in Rom durch ein Dankfest (*supplicatio*), später vielleicht gar einen Triumph, geehrt zu werden. Am süßesten ist der Ruhm doch gerade dort, wo die eigene Stärke nicht liegt! An seinen Freund Cato (S. 38) schreibt Cicero, solche Ehrungen hätten ihm früher nichts bedeutet, aber seit seinem «Exil» betrachte er sie als Wiedergutmachung. Cato freilich, unbeugsam in seinen Prinzipien, formulierte im Senat zwar eine schmeichelhafte Ehrenerklärung für Ciceros Provinzverwaltung, stimmte aber gegen die eigentliche *supplicatio*, deren Voraussetzungen nicht erfüllt seien. Der Senat gab Ciceros Gesuch trotzdem statt. Der schmollte wegen Catos – aber träumte weiterhin vom Triumph.

Seine Heimkehr aus der Provinz im Herbst 50 stand nun bereits im Schatten des sich abzeichnenden Bürgerkriegs. Auf der Heimreise erhielt er Nachricht von seinem jungen Freund M. Caelius Rufus, die Auseinandersetzung von Pompeius und Caesar laufe auf offenen Kampf hinaus: Pompeius verlange, dass Caesar, um für das Consulat kandidieren zu können, zuerst sein Heer entlasse; Caesar sei dazu nicht bereit. Und seine Truppen seien die größeren. Zu wem sich halten? Im Frieden, meinte Caelius zynisch, zu den Besseren, im Kriegsfall lieber zu den Stärkeren. Das konnte Ciceros Standpunkt nicht sein. Als er im Oktober 50 nach Athen kam, fand er dort schmeichelhafte Briefe, in denen beide Kontrahenten um seine Gunst warben. Ein Brief an Atticus gibt Einblick in seine Gefühle. Der Krieg, falls er käme, wäre nicht sein Problem: Lieber mit Pompeius geschlagen werden als mit Caesar siegen! Aber wie soll er sich jetzt bald im Senat zwischen den Ansprüchen beider, die doch auch beide seine Freunde sind, entscheiden? Hätte er sich nur nie auf die Seite der Triumvirn geschlagen! Ein weiteres Gewissensproblem beschäftigt ihn: Wie kann er freimütig über den Staat seine Meinung sagen, wenn er zugleich auf den Triumph spekuliert? Oder sollte er diese süße Hoffnung ganz aufgeben? Die zwölf Liktoren, die er als immer noch amtierender Proconsul und Triumphanwärter mit sich herumzuschleppen hatte, wurden ihm schon im folgenden Jahr zunehmend lästig.

Am 24. November war Cicero wieder in Italien. Im folgenden Dezember konnte er sich zweimal mit Pompeius besprechen. Nicht einmal ihm schien Cicero noch zu trauen: Könnte er nicht ein zweiter Sulla werden? «Friede ist nötig: Ein Sieg wird viele Übel hervorbringen, mit Sicherheit aber einen Tyrannen.» Natürlich blieb Cicero dabei, dass er im Ernstfall an der Seite von Pompeius stehen müsse, aber noch hoffte er, etwas zur Verständigung tun zu können. So bemühte er sich um einen Kompromiss in letzter Minute bei einer Senatssitzung am 7. Januar 49. Die Scharfmacher siegten. Ein Notstandsbeschluss des Senats beauftragte auch ihn, als noch im Amt befindlichen Proconsul, mit Truppenaushebungen, aber um einer möglichen Verständigung willen blieb er untätig. Ja, er behielt seine Hoffnung selbst dann noch, als Caesar den Rubikon überschritt. – Aber damit beginnt ein neues Kapitel, nicht nur von Ciceros Leben.

5. Cicero unter Caesar (49–44 v. Chr.)

Als Caesar in der Nacht vom 11. zum 12. Januar aus seiner Provinz mit einer Legion nach Italien einmarschierte, soll er einen griechischen Vers zitiert haben: «Hochgeworfen sei der Würfel!», d. h.: Ich lasse es drauf ankommen, nun entscheide das Glück! Die Gesinnung eines solchen Glücksritters musste Cicero zuwider sein; und dass Caesar den Krieg gegen seine Vaterstadt mit nichts als seiner gefährdeten «Würde» (*dignitas*) begründete, empörte ihn: Wie könne es Würde ohne Sittlichkeit (*honestas*) geben? Aber Caesar habe ja nicht einmal «einen Schatten des sittlich Guten gesehen». «O der verkommene Räuber!» Dennoch versuchte er, auf diesen «Hannibal» einzuwirken: «Selbst ein ungerechter Friede ist nützlicher als der gerechteste Krieg.»

Im Bürgerkrieg (49–47 v. Chr.)

Pompeius – auch er damals Proconsul –, sah sich nicht in der Lage, die Stadt Rom zu verteidigen; so hatte er schon am 17. Januar vom Senat die Evakuierung beschließen lassen, da der Staat nicht «in den Wänden bestehe»: Alle Senatoren und Beamten sollten ihm folgen, Zurückbleibende als Verräter gelten. Man sammelte sich mit den verfügbaren Truppen in Brundisium, um schließlich am 17. März nach Griechenland überzusetzen. Vor allen mit dem im Osten gesammelten Heer sollte dann Rom, nach Sullas Vorbild, wieder erobert werden. Cicero hielt diese Strategie für falsch, doch wollte er kein Verräter sein: Er verließ also die Stadt, schloss sich aber Pompeius nicht an, sondern blieb vorerst in Italien: «Ich weiß, vor wem ich fliehen muss; ich weiß nicht, zu wem ich fliehen soll.» Denn dass Pompeius ebenso als Alleinherrscher regieren wolle wie Caesar, hatte er ja schon im Vorjahr geahnt. Caesars demonstrative Milde gegenüber den besiegten Mitbürgern, seine bald berühmte *clementia*, konnte Hoffnung wenigstens auf einen milden Tyrannen machen.

So korrespondierte er weiter mit Caesar durch Briefe und Boten, sehr zu dessen Freude. Er wünsche ja nichts mehr, ließ dieser ihn wissen, als sich mit Pompeius zu versöhnen. Das glaube einer! Eher schon dies, dass er auf Ciceros «Rat, Einfluss, Ansehen und alle Hilfe» hoffe. War das etwa die Chance für eine «staatsbürgerliche Tat»? In einem gewundenen Brief vom 20. März versichert er Caesar des Verständnisses für dessen Standpunkt, bittet ihn aber zugleich darum, auch für seine Rücksicht auf Pompeius Verständnis zu haben. So viel Demut musste Caesar missverstehen.

Am 28. März besuchte er Cicero auf seinem Gut bei Formiae: Er möge doch bitte am 1. April zur Sitzung des römischen Senats, eines Rumpfsenats, kommen – Prestigesache für Caesar, den fast alle Prominenten desavouiert hatten. Natürlich solle er zum Frieden reden. «Nach meinem Gutdünken?» Da mache er keine Vorschriften. Cicero nimmt alle Kraft zusammen: «Dann werde ich mich gegen die geplanten Militärexpeditionen aussprechen und meinem Kummer über Pompeius freien Lauf lassen.» Nein, das freilich wünsche er nicht. Caesar merkte, dass er sich verrechnet hatte, und kam zum Ende. Cicero aber, obwohl er wusste, dass der Mächtige verstimmt war, war selbst mit sich zufrieden – «was mir schon lange nicht mehr passiert ist». Mit diesem Erfolgserlebnis schien auch bei ihm die Entscheidung gefallen. Am 7. Juni stach er mit seinem Bruder und den Söhnen beider in See: nach Griechenland, zu Pompeius.

Ciceros Ringen um die richtige Entscheidung, das wir mit allen Stimmungsumschwüngen dank den Briefen an Atticus verfolgen können, findet in diesen Wochen auch mit den Mitteln der Rhetorik und der Philosophie statt. Die ihn bewegenden Fragen verwandelt er zunächst in rhetorische «Thesen», die er *in utramque partem* (S. 17) mit sich selber disputiert (auf Griechisch und Lateinisch): «Soll man in seiner Vaterstadt bleiben, wenn sie von einem Tyrannen beherrscht wird?» «Soll man mit allen Mitteln versuchen, die Tyrannis zu beenden, auch wenn die Stadt dabei insgesamt gefährdet wird?» usw. Eine wichtige Rolle spielten in solchen Überlegungen auch die in der politischen Beredsamkeit (*genus deliberativum*) traditionellen Kategorien des sittlich Guten bzw. Ehrenhaften (*honestum*) und des Nützlichen (*utile*) bzw. Gefahrlosen. So meinte er am 3. März, ein Verbleib in Italien sei für ihn gefahrloser, die Expedition mit Pompeius ehrenvoller. Am 2. Mai dagegen glaubte er zu sehen, dass mittlerweile die Rücksichtname auf Caesar ebenfalls Gefahren in sich berge: Besser etwas Gefährliches, das wenigstens ehrenhaft ist, als etwas Schändliches, das auch noch gefährlich ist!

So weit sind die rhetorischen Kategorien der Sittlichkeit und der Nützlichkeit getrennt. Sie vereinen sich, sobald die Philosophie ins Spiel kommt. Nach einem berühmten stoischen Satz, der im Kern auf Platon zurückgeht, ist alles sittlich Gute auch nützlich, alles Schlechte auch schädlich. Cicero überträgt den Gedanken auf die Entscheidung zwischen Pompeius und Caesar. Schon Ende April schreibt er seinem Freund Ser. Sulpicius Rufus: «Was das sittlich Richtigste ist, ist klar (sc. der Anschluss an Pompeius); was das Nützlichste ist, dunkel. Wenn wir aber die Männer sind, die wir in der Tat zu sein haben, indem wir glauben, dass nichts nützlich ist außer dem Richtigen und Ehrenhaften, dann kann es nicht zweifelhaft sein, was wir zu tun haben.» Und so noch öfter. Zum ersten Mal scheint nun bei Cicero auch davon die Rede, dass er in der Philosophie Trost sucht – wenn auch zunächst ohne rechten Erfolg, «denn irgendwie ist die Medizin schwächer als die Krankheit».

Mit Ciceros Abfahrt aus Italien versiegen unsere brieflichen Quellen fast völlig. Andere Nachrichten sagen uns aber, dass seine Zeit im griechischen Kriegslager des Pompeius, vom Juni 49 an, unter keinem glücklichen Stern stand. Durch Besserwisserei und taktlose Späße soll Cicero dort eher demoralisierend gewirkt haben. So erhielt er auch kein Amt. Immerhin gab er Pompeius ein hohes Darlehen, und er widerstand den Lockrufen aus dem caesarischen Rom. Als im Juni 48 Pompeius in der Hafenstadt Dyrrhachion hoffnungslos eingeschlossen schien, erhielt Cicero einen Brief seines Schwiegersohns P. Cornelius Dolabella, der ihm riet, sich, im Angesicht der sicheren Niederlage, baldmöglichst in eine neutrale Stadt abzusetzen. Cicero habe genug getan für die Form «seines» Staats: «Für den Rest wollen wir lieber dort sein, wo der Staat jetzt ist, als dass wir dem alten Staat nachjagen und dann in gar keinem Staat sind.» Dolabella blieb erfolglos.

Durch einen überraschenden Sieg konnte sich Pompeius befreien. Dann aber, in Überschätzung seiner Kräfte, stellte er sich, gegen Ciceros Rat, am 9. August 48 den Truppen Caesars zur verhängnisvollen Schlacht bei Pharsalos. Er selbst entkam zwar, wurde aber, bevor er neue Truppen sammeln konnte, in Ägypten am 28. September ermordet. Cicero, der aus Krankheitsgründen mit seinen Freunden, Cato und dem Gelehrten Varro (S. 93), noch in Dyrrhachion war, erhielt die Nachricht von der Katastrophe Mitte August. Vor den meuternden Soldaten flüchteten sie nach Korkyra (Korfu), wo Cato, zur Fortsetzung des Kampfs entschlossen, den amtierenden Proconsul Cicero – der ja inzwischen auch militärische Erfolge aufzuweisen hatte – dazu aufforderte, das Oberkommando über das Heer zu übernehmen. Cicero zögerte nicht mit der Ablehnung. Wie sollte ein Krieg noch gewonnen werden, in dem der «Große» unterlegen war? Nun musste Cato zur Seele des Widerstands gegen den Tyrannen werden. Cicero aber fuhr zurück nach Italien, nach Brundisium.

Voreilig, wie er bald einsah. Das folgende Jahr ist nach dem «Exil» die trübste Zeit in seinem Leben. Wie seinerzeit wurde er auch diesmal von Gewissensbissen geplagt: Wie durfte er die Sache der Pompeianer im Stich lassen? Eine schmerzliche Schande, für die er aber die Verantwortung diesmal nicht auf andere abschob: «Kein Zufall hat mir mein Leid gebracht, es ist alles durch meine Schuld verwirkt.» Dazu kam noch ein Zwist mit seinem Bruder und dessen Sohn; die geliebte Tochter Tullia stand vor der zweiten Scheidung, bei ihm selbst zeichnete sich eine Ehekrise ab. Und wer wusste, ob Caesar ihn überhaupt begnadigen würde? «Man kann sich kein Leid denken, das mich nicht quälen würde. Aber alles ist leichter als der Schmerz über meine Sünde (*peccati dolor*), der übergroß und ewig ist.» Cicero bereute. Wer über seine Eitelkeit lacht, möge auch seine Bußfertigkeit bedenken.

Pompeianern war die Rückkehr nach Italien untersagt. So durfte sich Cicero überhaupt nur dank einer Ausnahmegenehmigung Caesars in Brundisium aufhalten. Und hier musste er fast ein langes, banges Jahr darauf warten, dass Caesar über ihn befinde. Denn dieser war derweil in Ägypten mit Prinzessin Kleopatra beschäftigt, um dann sofort in einem anderen Winkel des Reichs König Pharnakes vom Bosporos aufs Haupt zu schlagen – was er, wie Johann Nestroy formuliert, mit «venividivizerischer» Geschwindigkeit erledigte.

Erst im September 47 war Caesar wieder in Italien und hatte Zeit für Cicero, den er nun nach fast zweieinhalb Jahren bei Brundisium wiedersah. Plutarch weiß, wie es war: Cicero ging Caesars Kutsche entgegen, seine Begleiter im Abstand hinter sich zurücklassend. Aber Caesar, voller Feingefühl, stieg aus, sobald er den Freund sah, begrüßte ihn und ging mit ihm einige Stadien Weges im Gespräch – worüber wohl? Am ehesten vielleicht, wenn diese kleine Spekulation erlaubt ist, über Probleme der lateinischen Linguistik. Schließlich hatte Caesar noch während des Gallienkriegs eine sprachwissenschaftliche Schrift (*De analogia*) Cicero gewidmet, wofür sich Cicero mit einem Epos über die britannische Expedition revanchieren wollte. Nun schien die einstige Freundschaft fast wiederhergestellt. Jedenfalls durfte Cicero nach Rom zurückkehren – freilich nunmehr in ein Rom unter einem *dictator* (so Caesars offizieller Titel seit 49). Und so tat er, vielleicht durch Reue weise geworden, etwas Vernünftiges. Er entließ stillschweigend die zwölf Liktoren, die er als Imperator nun schon drei Jahre mitgeschleppt hatte – und entsagte damit dem Anspruch auf einen Triumph, den er nicht Caesar verdanken wollte.

Reden unter der Dictatur Caesars (46–44 v. Chr.)

Im caesarischen Rom erwachte in Cicero wieder das Bedürfnis nach schöpferischer Tätigkeit. In den Jahren von 46 bis 44 entstand eine geradezu unglaubliche Fülle rhetorischer und philosophischer Schriften, die Ciceros Schaffen eine ganz neue Richtung gaben. Nicht einmal Caesars Ermordung an den Iden des März 44 konnte Cicero aus dieser Schriftstellerei reißen; sie endete erst, als sich der Kampf mit Antonius tödlich zuspitzte. Daneben hielt er zu Lebzeiten Caesars immerhin drei Reden, in denen er sich für alte Gegner des Dictators einsetzte und die er, zu Recht, der Herausgabe für würdig hielt. Diese sogenannten *Orationes Caesarianae* sollen zunächst für sich betrachtet werden.

Im Laufe des Jahres 46 begann Cicero, den Dictator, der sich zu einer Politik der Versöhnung bekannte, nicht mehr nur als Tyrannen zu sehen. Vielleicht wolle er doch eine Art von *res publica*, heißt es in den Briefen; falls man gerufen werde zu einem Neubau des Staats, müsse man dazu bereit sein. Dennoch schwieg er vorläufig im Senat, um so den Verlust seiner früheren

Würde (*dignitas*) sichtbar zu bekunden: «Zwar darf man wohl nicht sagen, was man denkt – schweigen immerhin darf man.» Dies änderte sich nun mit der im September 46 gehaltenen Rede *Pro Marcello* (ein irreführender Titel). Folgendes war geschehen – wir kennen diese Bühnenszene aus einem Brief Ciceros selbst: Caesar wurde im Senat ersucht, dem M. Claudius Marcellus, der sein erbittertster Gegner gewesen war, die Rückkehr nach Rom zu gestatten. Ein Vetter des Marcellus warf sich Caesar weinend zu Füßen, dann erhob sich mit solidarischem Bittflehen der ganze Senat. Caesar wehrte zunächst ab, beklagte sich bitter über Marcellus; aber ganz unerwartet sagte er plötzlich, er wolle diese Bitte dem Senat nicht abschlagen. Als sich nun alle bei Caesar bedankten, da habe er, Cicero, überwältigt von dessen Großmut, sein bisheriges Schweigen gebrochen – «glaubte ich doch geradezu das Bild eines wieder zum Leben erwachenden Staats zu sehen».

Diese Rede, die uns mit ihrer Herrscherpanegyrik schon einen Vorgeschmack auf die höfische Literatur der Kaiserzeit gibt, besteht zu einem großen Teil in einem Lobpreis von Caesars Milde, *clementia*. Durch diese wollte sich ja der Bürgerkriegssieger propagandistisch wirkungsvoll von einem Sulla mit seinen Proskriptionen unterscheiden. Freilich, *clementia* ist eine Fürstentugend: Cato etwa hatte sie nicht in Anspruch nehmen wollen und sich darum nach der Niederlage das Leben genommen. Darum hebt Cicero von Anfang an hervor, dass dieser Akt der *clementia* einer Bitte des Senats entspricht, somit dessen Autorität wiederherstellt: Caesar habe diese über seinen eigenen Schmerz gestellt. Damit habe er, der bisher schon alle andern besiegt habe, nunmehr auch sein eigenes Herz, ja er habe den Sieg selbst besiegt! Und sei damit fast einem Gott ähnlich geworden.

Diese Schmeichelei ist nicht ganz geheuchelt – und sie verbindet sich mit ernster Mahnung. Zunächst versucht Cicero, Caesar auf seine *clementia* festzulegen, d. h. ihn zu weiteren Begnadigungen zu ermuntern. Er schafft diesen ein ideologisches Fundament, indem er für die Beurteilung der Pompeianer eine neue Begrifflichkeit entwickelt: Caesar selbst, indem er *clementia*

übe, gebe zu verstehen, dass er seine Feinde im Bürgerkrieg nicht
als Verbrecher ansehe: Sie hatten nicht Anteil an einem *scelus*
(Verbrechen), sondern nur an *error* (Irrtum) und *culpa* (Schuld)
– somit sind sie, gewissermaßen als «tragische» Helden, der Begnadigung würdig.

Ebenso wichtig ist ihm ein anderes: Caesar müsse die Neuordnung des Staats durch Gesetze energisch in die Hand nehmen. Diese Mahnung hüllt Cicero ein in die Besorgnis über einen Satz Caesars, den er als an sich «höchst philosophisch» bezeichnet: «Ich habe genug gelebt, sei es für die Natur, sei es für
den Ruhm» (sicherlich gesprochen im Hinblick auf mögliche
Attentäter, zu denen er ja auch Marcellus rechnen musste). Wie
dürfe Caesar das sagen, wo doch so viel zu tun sei: Neuordnung
des Gerichts- und Kreditwesens, Bekämpfung des Luxus, Stei-
gerung der Geburtenrate … Nur Caesar könne das alles, kein
anderer. «Sei kein Philosoph auf unser Risiko!» Und verbunden
damit sagt er Caesar eine ernste Wahrheit Platons: Jeder von
uns ist nicht nur für sich selbst, sondern auch für die Allgemeinheit geboren. Und dann packt er ihn beim Ehrgeiz: Selbst seine
grandiosen Kriegserfolge würden ihm keinen unumstrittenen
Ruhm verschaffen, nur die wirkliche Neuordnung des Staats.
Alle anständigen Bürger seien auch, wie er selbst, bereit, Caesars Leben mit ihrem Körper zu schützen.

Dies war ein leidenschaftliches, ernst gemeintes Angebot zur
Mitarbeit. Aber Caesar dachte anders. Zu Freunden sagte er,
der Staat sei nur noch ein Name, ohne Körper und Gestalt;
oder, schlimmer: Sulla sei ein Analphabet gewesen, dass er die
Dictatur niedergelegt habe. Caesar ging es um die Macht selbst
und immer mehr um seine Selbstverherrlichung. Und Cicero be-
merkte bald, dass für ihn, der einst «am Heck des Staats das
Steuerruder lenkte, nun kaum noch im Kielwasser Platz war».

Wenn wir etwa zwei Monate später Ciceros Stimme wieder
hören, in der Rede *Pro Ligario*, ist von den Gedanken der früheren Rede fast nur noch der Lobpreis der *clementia* übrig geblieben. Wieder ging es um die Rückberufung eines Pompeianers,
Q. Ligarius, der nach Pharsalos mit vielen Pompeianern den
Krieg in Afrika fortgesetzt hatte. Nach der endgültigen Nieder-

lage hatte ihn Caesar zwar begnadigt, ihm aber die Heimkehr zunächst untersagt. Freunde bemühten sich nun für ihn; da wurden deren Anstrengungen durchkreuzt durch den Protest eines jungen Adeligen, Q. Aelius Tubero, der Ligarius der Gnade Caesars für unwürdig erklärte. Ligarius hatte nämlich den Vater des Tubero, der vom Senat zum Propraetor von Afrika bestimmt war, daran gehindert, zusammen mit seinem Sohn in Utica zu landen und seine Provinz in Besitz zu nehmen. Hauptpunkt seiner Klage war dabei folgender, wie ein Jurist (Pomponius) berichtet: «Er erlaubte nicht, dass der kranke Tubero (gemeint der Sohn) an Land ging und Wasser schöpfte; unter diesem Titel klagte er ihn an, und verteidigte ihn Cicero.» Ein empörender Akt gegen die Menschlichkeit! Wer diese Grausamkeit gezeigt hatte, verdiente nicht Caesars *clementia*. Verteidigt wurde Ligarius von einem der Freunde Caesars und von Cicero. Caesar hörte sich das Pro und Contra der streitenden Parteien an.

Das war kein eigentlicher Strafprozess, wie in den Cicerobiographien noch meist zu lesen ist. Das Verfahren beruhte vielmehr auf einem «Ermächtigungsgesetz» vom Jahr 48 (nach Pharsalos), durch das es Caesar erlaubt war, «mit denen, die auf der Seite des Pompeius gestanden hatten, ganz wie er wolle, zu verfahren». In diesem Fall ließ er sich also den Streitfall – Rückberufung oder nicht? – in der Art eines Prozesses vortragen, wobei er offenbar die Pose des allein und ohne Gesetze entscheidenden Richters genoss: ein Schauprozess eben unter einem echten Dictator.

Aus Ciceros Rede und sonstigen Nachrichten wissen wir, dass Tubero dem «Angeklagten» neben dem Hauptvorwurf der Grausamkeit auch vorhielt, dass er überhaupt in Afrika, nachdem Pompeius längst tot war, bis zum bitteren Ende Krieg geführt hatte. Ciceros Gegenargumentation war in diesem Punkt vorherzusehen: Tubero sei ja ursprünglich auch, wie Ligarius, Pompeianer gewesen. Und so baute Tubero vor, indem er unter anderem hervorhob, dass sein Vater und er sich rasch von der verlorenen Sache losgesagt hätten.

Aber Cicero, überraschend wie selten, gab der Sache eine andere Wendung. Nach einem witzigen Prooemium und einer Erzählung, die an der spannendsten Stelle abbricht, erklärt er plötzlich, den Angeklagten dadurch verteidigen zu wollen, dass er sich selber anklagt oder, wie er sagt, «die eigene Sache preisgibt»: O einzigartige *clementia*! Sei es nicht wie ein Wunder, dass er, Cicero, Caesars Feind im Bürgerkrieg, einen Mann wie Ligarius öffentlich verteidigen dürfe, der ja doch weniger schuldig gewesen sei als er selbst! Ligarius sei durch die Umstände gezwungen in Afrika geblieben; er, Cicero, aber habe willentlich gegen Caesar gekämpft. Allein schon dass Cicero dies laut sagen dürfe, zeige ja Caesars unglaubliche *clementia* – die aber auch dem Ankläger Tubero zuteil geworden sei, habe doch auch er bei Pharsalos gegen Caesar im Feld gestanden. Und diese selbst erfahrene *clementia* wolle er nun einem anderen nicht gönnen. Das sei Grausamkeit. «Wer so redet, wird eher die eigene Humanität verlieren, als Caesar die seine entreißen.»

Ein überraschender Schachzug: Während Cicero scheinbar das Verhalten des Ligarius verteidigte, indem er die eigene, größere Schuld einführte, hat er den von Tubero erhobenen Vorwurf der Grausamkeit auf diesen selbst zurückgeschleudert und Caesar auf seine *clementia* festgelegt: Er würde ja den Ruhm der eigenen Humanität verlieren, wenn er einem so grausamen Ankläger Recht gäbe. Schon hier dürfte Cicero seinen «Prozess» gewonnen haben; und wir können darauf verzichten, diese vielleicht schönste, nach *Pro Milone* sicherlich beste Prozessrede Ciceros weiter zu analysieren. Sie soll ihre Wirkung auch auf Caesar nicht verfehlt haben. Plutarch erzählt, dieser habe, obwohl von der Niedertracht des Ligarius überzeugt, im Laufe der Rede mehrfach die Farbe gewechselt und sei schließlich bei Erwähnung von Pharsalos so ins Zittern geraten, dass ihm das Schreibzeug aus der Hand gefallen sei.

Ähnlich im Kern der Argumentation ist die dritte Rede, die Cicero für einen ehemaligen Pompeianer zu halten hatte: Gegen Ende des Jahres 45 verteidigte er einen alten Gastfreund, König Deiotaros von Galatien, gegen Vorwürfe seines Enkels Castor. Deiotaros, der auch bei Pharsalos gegen Caesar gekämpft hatte, war damals begnadigt worden. Aber in Nikaia, wo Caesar im Sommer 47 die Gebietsstreitigkeiten der kleinasiatischen Fürsten regelte, wurde er schwer benachteiligt. Im Jahr 45 hoffte Deiotaros, offenbar durch Verhandlungen mit Caesar, seine Position zu verbessern. Diese Bestrebungen wurden nun durchkreuzt von dem erwähnten Castor: Sein Großvater Deiotaros habe zweimal versucht, Caesar heimtückisch zu ermorden (Belastungszeuge war immerhin der Leibarzt des Königs). Wieder ließ sich Caesar die Sache in Prozessform vortragen, diesmal aber in seinen eigenen Privatgemächern. Der Dictator bemüht sich also, selbst bei einem internationalen «Prozess», nicht mehr aufs Forum.

Was den Mordvorwurf angeht, arbeitet Cicero mit der klassischen Topik der Mordprozesse, die er dem Fall brillant wie nur je anpasst. Vor allem legt er aber großen Nachdruck darauf, dass Deiotaros dank seiner Begnadigung und Bestätigung als König ein zuverlässiger Freund Caesars geworden sei. Die Anklage, behauptet er, spekuliere umgekehrt darauf, dass Caesars «Gnade» nur eine geheuchelte gewesen sei und er Deiotaros weiterhin zürne. So wird Caesar wieder auf seine *clementia* festgelegt.

Interessant ist diese Rede aber vor allem, weil sie uns einiges demoskopische Material aus Caesars letzten Monaten liefert. Ein Gesandter des Deiotaros soll nämlich, laut Anklage, aus Rom über eine angeblich caesarfeindliche Stimmung im Volk berichtet haben, etwa: Man nenne ihn einen Tyrannen, und es errege Anstoß, dass er sein Standbild unter den römischen Königen habe aufstellen lassen. Cicero tut an dieser Stelle sehr geschickt so, als seien dies Vorwürfe der Anklage, gegen die er Caesar verteidigen müsse, erledigt dies dann aber in einer nur fadenscheinigen Weise. So wenn er den fehlenden Applaus bei Caesars öffentlichen Auftritten damit erklärt, dass die Leute vor Bewunderung stumm seien und dass so etwas Vulgäres wie Beifall unter Caesars Niveau liege. Ist darum unsere Rede ein verkapptes Pamphlet gegen Caesar? Jedenfalls kein offenes. Cicero rechnet offenbar damit, dass Caesar, der längst an seiner Vergöttlichung arbeitet, im Rausche seines Selbstgefühls die Nichtigkeit von Ciceros Erklärungen schon gar nicht mehr bemerkt, sondern sie dankbar aufsaugt.

Das zeigt schlagend Ciceros Behandlung des Wortes *rex* (König). Deiotaros war ein *rex*, Caesar wollte gerne ein *rex* werden und sich selber, wie sein Standbild, unter die römischen Könige einreihen – zumindest nach Ciceros Überzeugung. Die ganze Rede hindurch umgibt er nämlich den mit Deiotaros verknüpften Namen *rex* mit einer Heiligengloriole: Es sei etwas Unerhörtes, dass ein *rex* auf Tod und Leben angeklagt sei; Caesars größtes Verdienst sei gewesen, dass er Deiotaros den Namen *rex* gelassen habe. Und schließlich: «Immer war der Name *rex* in dieser Bürgerschaft heilig …» – eine grobe Lüge, wie jeder bessere Lateinschüler weiß: Der Name *rex* war verpönt. Es ist klar, dass Cicero hier mit Caesar ein ziemlich plumpes Spiel treibt – das dieser aber offenbar nicht mehr durchschaut: Zwei Monate später wird er sich an den Lupercalien das orientalische Königsdiadem öffentlich anbieten lassen. Aber dann war es nicht mehr weit zu den Iden des März.

An denen war Cicero, wie wir wissen, nicht unmittelbar beteiligt. Und seine Gedanken waren in diesen Jahren meistens fast weniger mit der Politik als mit seinem Privatleben beschäftigt. Nach der selbstironischen Darstellung besonders in den Briefen, die er im Jahr 46 an L. Papirius Paetus richtete, hätte er, sonst eher ein Asket, sich damals sogar zu einem regelrechten Bonvivant und Feinschmecker entwickelt. So schrieb er etwa, zu einem Abendessen eingeladen: «Rüste dich also: Du hast es mit einem gefräßigen Menschen zu tun, der auch schon ein Kenner ist – du weißt ja, wie Leute übertreiben, die erst spät auf den Geschmack einer Sache gekommen sind.» Köstlich ist auch ein Brief, den er während (!) eines Essens bei dem Lebemann P. Volumnius Eutrapelus niederschreibt. Dass neben diesem seine Freigelassene Cytheris, Roms berühmteste Kurtisane, auf dem Sofa liegt, ist ihm denn doch etwas peinlich. «Du wirst sagen: Bei so einem Gastmahl ist der berühmte Cicero [...] – beim Hercules, ich hatte doch keine Ahnung, dass sie da sein würde.» Und damit ja nichts falsch verstanden wird, macht er eine (bei ihm einzig dastehende) Grundsatzerklärung zur Erotik: «Mich hat von solchen Sachen nie etwas interessiert, auch nicht als ich jung war, schon gar nicht im Alter.» Wirklich?

Noch im selben Jahr sollte er eine Sechsundzwanzigjährige heiraten.

6. Rhetorica et Philosophica (46–44 v. Chr.)

Nach einer ungewollten Pause von über vier Jahren nahm Cicero im Jahr 46 seine schriftstellerische Tätigkeit wieder auf. Zunächst ging es um Rhetorik. In den Jahren nach *De oratore* (55) hatten ihn jüngere Redner um den genialen Licinius Calvus (S. 52) wegen seines Redestils angegriffen. Schon im Jahr 54 verspottete Laterensis im Plancius-Prozess (S. 52) Ciceros tränenreichen Schwulst, den er mit dessen Studium auf Rhodos und wohl auch in Kleinasien in Verbindung brachte (S. 22): Dementsprechend war *Asianus*, «Asiate», bald ein Schimpfwort, mit dem man Cicero bedachte; und man meinte damit die Überladenheit seines Stils mit Redefiguren, die Überfülle des Ausdrucks, auch eine gewisse Aufdringlichkeit seines Prosarhythmus. Seine Rede sei darin anders als die der vorbildlichen attischen Redner. Um diesen zu huldigen, bezeichneten sich diese rhetorischen Jungtürken selber als *Attici*, «Attizisten». Und Calvus galt wohl geradezu als neuer Demosthenes. So war in der Zeit von Ciceros Machtlosigkeit auch sein rednerischer Ruhm gefährdet!

Er wollte antworten. In einem Briefwechsel über Stilfragen setzte er sich mit Calvus auseinander; dann, nachdem dieser gestorben war, griff er die Kontroverse im Jahr 46 aus höherem Gesichtspunkt wieder auf und schrieb zwei Bücher, die zum Wertvollsten gehören, was wir aus der antiken Rhetorik haben: *Brutus*, eine Geschichte der römischen Beredsamkeit, und *Orator*, eine erneute Diskussion des vollkommenen Redners. Beide Werke sind Ciceros jungem Freund, M. Iunius Brutus, der zur «attizistischen» Richtung neigte, gewidmet. Sie sollten ihn von Ciceros Stilideal überzeugen – und nebenbei auch für seine politischen Gedanken gewinnen. Nicht ohne Erfolg: Brutus wurde der prominenteste der Caesarmörder.

Eine Geschichte der römischen Redekunst (*Brutus*)

In Ciceros *Brutus* ist bereits der Titel symbolträchtig. Der Name
Brutus ist ja auch der des Mannes, der einst Tarquinius, den
Tyrannen, vertrieben und Rom befreit hat. Am deutlichsten ist
Ciceros Protest am Ende des Werks: Heute sei der «Staat in
Nacht getaucht», heißt es; beklagen müsse man den jungen Bru-
tus, dass er nicht mehr die Möglichkeit habe, «allen Glanz der
Tugend mit dem größten Ruhm der Redekunst zu vereinen»
(das Ideal von *De inventione*). Der Nachruf auf die römischen
Redner, die in diesem Werk wie die Ahnenbilder bei einem rö-
mischen Leichenzug defilieren, ist auch ein Grabgesang auf die
freie römische Republik.

Aber die Bedeutung des Werks, das wiederum die Form des
Dialogs hat (mit Brutus und Atticus als Partnern Ciceros), liegt
vor allem in der Fülle des Stoffs. Mit großer Lebendigkeit,
zugleich mit erstaunlichem Gedächtnis, charakterisiert Cicero
nach einem Überblick über die Geschichte der griechischen Redekunst die römischen Redner aus über vier Jahrhunderten. Wie
sehr wünschten wir, Cicero hätte seinen Charakteristiken der
einzelnen Redner auch noch eine kleine Anthologie von Stil-
proben beigegeben! So sind wir auf seine suggestiven Beschrei-
bungen angewiesen.

Die Lebenden will Cicero klugerweise ausschließen, aber er
macht, von sich selbst abgesehen, zwei prominente Ausnahmen:
Caesars Erzfeind Marcellus (S. 77) und Caesar selbst, dem er
als Redner die höchste *elegantia*, d. h. Treffsicherheit des Ausdrucks, zugesteht. Auf diese bezieht sich auch Ciceros berühm-
tes Urteil über Caesars *Commentarii*, das so endet: «Denn nichts
ist in der Geschichtsschreibung lieblicher als eine reine und
lichtvolle Kürze.» (Richtig – aber soll man deswegen Caesars so
unkindgemäßes *Bellum Gallicum* zur Anfangslektüre im Lateinunterricht machen?)

Auf die «Attizisten» und ihre Kritik an ihm kommt Cicero
immer wieder zu sprechen. Dabei akzeptiert er offenbar deren
Geschichtskonstruktion. Der Höhepunkt der griechischen Beredsamkeit liegt demnach in Athen: Die attischen Redner, ge-

krönt durch Demosthenes, sind mustergültig. Erst nach «Verlassen des Piraeus» habe in Kleinasien die Beredsamkeit die «Gesundheit» verloren, so dass denn asianische Redner aufgetreten seien, die «allzu ungehemmt und überschäumend (*redundantes*)» waren. Nie käme man, wenn man das liest, auf die Idee, dass Cicero selbst, wie wir doch wissen, als «asianisch» abgeurteilt wurde. Was hat also von ihm zu gelten? An unauffälliger Stelle erwähnt Cicero, dass die Redner auf Rhodos «gesünder und den attischen ähnlicher» seien. Damit bereitet er die spätere Darstellung seines eigenen rednerischen Werdegangs vor: Er habe sich nämlich auf Rhodos gerade nicht, wie ihm vorgeworfen wird, die «asianische» Überfülle (*redundantia*) angeeignet, im Gegenteil: Molon habe ihm seine frühere *redundantia* abtrainiert (S. 23). Also kann er kein «Asianer» sein, sollen wir folgern.

Wer ist der römische Demosthenes? (*Orator*)

In der Lehrschrift *Orator*, dem bedeutendsten uns erhaltenen antiken Werk über Prosastil, wird die schon in *De oratore* erörterte Frage nach dem vollkommenen Redner gefasst als die nach der platonischen «Idee» des *orator*, also einem Ideal, das in unserer Seele existiert, unabhängig davon, ob es in der Wirklichkeit je erreicht wird. So liegt es nahe, dass zum vollkommenen Redner philosophische Bildung gehört – das stand ja auch schon in *De oratore*. Aber etwas anderes ist Cicero nun wichtiger. Vollkommen ist nach ihm vor allem der Redner, der alle drei Arten des Stils beherrscht: den hohen, den mittleren und den niederen. Dies sei bei Demosthenes der Fall gewesen, welcher der Idee am nächsten komme, nicht dagegen bei den «Attizisten».

Wie kommt Cicero auf diese Theorie? Die Lehre von den drei Stilarten (*genera dicendi*) besagte wahrscheinlich von Hause aus, dass sich verschiedene Redner bzw. Prosaautoren voneinander besonders dadurch unterscheiden, dass sie in unterschiedlichem Ausmaß Redeschmuck (*ornatus*), d. h. ungewöhnliche Wörter und rhetorische Figuren, verwenden, außerdem die Rede rhythmisch durchgestalten: Ein Redner im hohen Stil (*ge-*

nus grande), wie Demosthenes nach üblicher Auffassung, tut
dies am meisten; ein Redner im niederen Stil (*genus tenue*), wie
Lysias, am wenigsten; der mittlere Stil (*genus medium*) – man
nennt Thrasymachos – liegt dazwischen. Diese traditionelle
Lehre, die Cicero bisher kaum interessiert hatte, wird nun aufgenommen und umgestaltet, indem Cicero sie mit der anderen
Lehre (des Aristoteles) von den drei Mitteln der Überredung
(S. 56) kombiniert: Der Redner im niederen Stil versucht zu «beweisen» (*probare*), der im mittleren Stil zu «erfreuen» (*dele-
ctare*, statt des üblichen *conciliare*, «gewinnen»), der Redner im
hohen Stil geht darauf aus, seine Hörer zu «erschüttern» (*fle-
ctere*). Ein nützliches Schema! Denn wenn die Stilarten in dieser
Weise mit den Mitteln der Überredung, den «Pflichten des Redners» (*officia oratoris*), wie Cicero sagt, notwendig zusammen-
hängen, dann muss der vollkommene Redner, schon um seinen
Pflichten zu genügen, in der Tat alle drei Stilarten beherrschen.

So kann Cicero den «Attizisten» nun entgegenhalten, dass,
wenn sie ihr Redeideal einseitig am niederen Stil z. B. eines Lysias ausrichteten, sie somit die eigentliche Aufgabe des Redners
weit verfehlten.

Hatte Cicero recht mit dieser Selbstverteidigung? Zum Teil.
Nachweisbar richtig war die Behauptung der «Attizisten», dass
Cicero fülliger sei im Ausdruck als die attischen Redner, auch
als Demosthenes. Und wir dürfen mit Grund vermuten, dass die
Reden etwa des Calvus demosthenischer geklungen haben als
die Ciceros. Aber waren sie darum besser? Mit Recht beruft sich
Cicero immer wieder darauf, dass über den Wert der Rede der
normale Hörer entscheide und eben nicht der Kenner (wie dies
z. B. in der Musik der Fall ist): Wären die «Attizisten» ihren angeblichen Vorbildern ebenbürtig, müssten sie auch denselben
Erfolg beim Publikum haben wie diese – aber den großen Erfolg
hatte eben Cicero. – Es wäre wohl das Beste gewesen, er hätte
hier Demosthenes als Vorbild ganz aus dem Spiel gelassen.

Festzuhalten bleibt, dass Ciceros *Orator* so etwas wie eine
Bibel der römischen Ästhetik darstellt. Nicht einmal Spezialisten wie Quintilian haben sich je so intensiv mit Problemen der
lateinischen Sprachschönheit beschäftigt. Wer Latein nur als

die «Lapidarsprache für das steinharte Römervolk» (Heinrich Heine) ansieht, der lese diese Schrift und staune, wie ein sechzigjähriger Consular, dazu bestimmt, in Bälde noch einmal das römische Weltreich zu regieren, den Geheimnissen des Prosarhythmus nachgeht, detaillierter als je einer vor ihm.

Eine letzte uns erhaltene rhetorische Schrift Ciceros können wir leider nicht sicher datieren, die *Partitiones oratoriae* (Rhetorische Einteilungen). Sie enthalten zu didaktischen Zwecken das gesamte, sonst immer noch auf Griechisch gelehrte rhetorische System in Katechismusform, unter durchgängiger Verwendung platonischer Dihäresen (*partitiones*). Dabei fragt Ciceros Sohn Marcus, Vater Cicero antwortet. Hier vollendet Cicero, in neuer Form, das einst nur angefangene Werk der *Rhetorici libri* (S. 18).

Neue Anfänge der philosophischen Schriftstellerei

Auch den ersten Anstoß zu neuer philosophischer Schriftstellerei verdankt Cicero seinem jungen Freund Brutus. Dessen Onkel war der dezidierte Stoiker Cato, nach Pharsalos Caesars prominentester Gegner (S. 75, vgl. S. 38). Noch bevor die Nachricht von seiner Niederlage bei Thapsos und seinem Selbstmord in Rom eingetroffen war, also wohl Ende April 46, schrieb Cicero seine Brutus gewidmeten *Paradoxa Stoicorum*: In ihnen werden stoische Gedanken, wie sie Cato gelegentlich geäußert habe, in einer Weise rhetorisch aufbereitet, dass sie «unserem üblichen rednerischen Stil» entsprechen – und zwar mit Absicht gerade solche, die besonders weit ab vom *common sense* des Normalmenschen liegen: Nur das Sittliche ist ein Gut – alle Verfehlungen sind gleich schlimm usw. Es gilt eben: «Nichts ist so unglaublich, dass es nicht durch die Rede plausibel würde.» Nur eine rhetorische Übung? Zunehmend werden solche stoischen Gedanken, wie wir aus den Briefen sehen, auch in Ciceros Leben wichtig.

Ähnlich, dem geistigen Gehalt nach, war die von Brutus übertragene Aufgabe, dem großen Cato nach seinem Tod eine literarische Gedenkschrift zu widmen. Gerne wüssten wir, wie Cicero

hier Philosophie und politisches Wirken in Beziehung setzte –
in deren Verknüpfung hatte er ja Cato als Mitstreiter angese-
hen (S. 12) –, aber leider ist uns von diesem Werk mit dem Titel
Cato nur ein einziger, dafür inhaltsschwerer Satz erhalten: «Bei
Cato war es umgekehrt wie gewöhnlich: Die Wirklichkeit über-
traf in allen Punkten seinen Ruf.» Caesar las dies nicht gern und
verfasste gegen die Lobschriften Ciceros und anderer eilends
einen *Anticato*.

Solche Schriften blieben gewissermaßen noch im Vorraum
der Philosophie. Ciceros eigentliche philosophische Schriftstellerei gehört ins folgende Jahr. Als Auslöser sieht man in der Regel den Mitte Februar 45 erfolgten Tod seiner geliebten Tochter
Tullia, die in dieser Zeit, wie er sagt, sein «einziger Trost» gewesen war. Cicero selbst hatte sich im Vorjahr von seiner Frau
Terentia nach etwa dreißig Jahren scheiden lassen; und seine
überstürzte neue Ehe mit der reichen, blutjungen Publilia stand
unter keinem guten Stern. Zur Tröstung über den Tod Tullias,
der er auch einen regelrechten Heroinentempel mit entsprechen-
dem Kult weihen wollte, schrieb er eine (uns verlorene) *Consolatio*, in der er nach eigenem Zeugnis etwas unternahm, was
noch kein Grieche oder Römer versucht hatte: für sich selbst
eine Trostschrift zu verfassen – er hatte ja auch als Erster auf
sich selbst Epen geschrieben (S. 34). Diese *Consolatio* scheint
hochplatonisch und wenig skeptisch gewesen zu sein: Passend
zum Plan des Heroinentempels war darin von der Unsterblichkeit der Seele die Rede, ja, dass der Mensch nur geboren werde,
um frühere Verbrechen zu sühnen … In den nun folgenden philosophischen Schriften hören wir meist anderes.

Eine philosophische Enzyklopädie

Sie gehen insgesamt auf einen schon älteren Plan zurück. Bereits
im *Orator* (Herbst 46) sprach Cicero davon, dass er mit «ge-
wichtigeren und größeren Dingen» beschäftigt sei: «Wenn sie
vollendet sind, werden auch meine häuslichen literarischen Leistungen meinen Taten auf dem Forum entsprechen.» Es ging
ihm, dem Sechzigjährigen, also um die Abrundung seines Le-

benswerks, in dem die Schriftstellerei nun ebenbürtig neben der Politik stehen sollte.

Der Plan wurde in den Jahren 45 und 44 mit Sorgfalt ausgeführt. Es ging um nichts Geringeres als um eine Gesamtdarstellung der Philosophie, d. h. der hellenistischen Philosophie, wie sie damals von den verschiedenen Schulen gelehrt wurde, also: Akademie, Peripatos, Epikur, Stoa. Dies war ein großes, so unseres Wissens von keinem griechischen Philosophen unternommenes Werk – das erst recht für einen Römer nicht nahezuliegen schien. Während sich Cicero für die Abfassung seiner früheren Dialoge, *De oratore* usw., nie eigentlich rechtfertigte – die dort behandelten Fragen waren unmittelbar interessant für jeden Römer –, fühlte er sich hier genötigt, immer wieder eine Fülle schriftstellerischer Motive zu nennen.

Unter den äußeren Anregungen erwähnt er die neuerliche philosophische Schriftstellerei des Brutus, der ihm im Jahr 47 ein Buch *De virtute* (Über die Tugend) gewidmet und ihn damit zu Vergleichbarem «provoziert» hatte. Noch provozierender waren für den Platoniker Cicero die Schriften der ihm unsympathischen Epikureer Amafinius und Rabirius, die in diesen Jahren des Bürgerkriegs trotz ihrer, sagt Cicero, sachlichen und sprachlichen Schlamperei Italien überschwemmt hatten.

Als persönliches Motiv nennt Cicero zunächst das Bedürfnis nach Beschäftigung in einer Zeit unfreiwilliger Muße: «Was hätte ich Besseres tun können, zumal ich nichts zu tun hatte?» Damit verbunden ist die Absicht, sich durch Schriftstellerei über den Zustand des Staates hinwegzutrösten. Offen wagt Cicero dies allerdings erst nach der Ermordung Caesars im Rückblick auszusprechen: «Die Philosophie darzustellen, bewog mich das schwere Unglück des Staates»; in früheren Äußerungen konnte man es nur zwischen den Zeilen lesen. Umso ausdrücklicher betont Cicero dafür die Tröstung im privaten Leid, wobei vor allem an Tullia zu denken ist: «Es bewog mich (zur Beschäftigung mit Philosophie) der Seelenkummer, den mir ein großes und schweres, vom Schicksal zugefügtes Unrecht bereitet hatte: Hätte ich irgendeinen stärkeren Trost dafür gefunden, hätte ich nicht gerade zu diesem Zuflucht genommen.» Nichts zeigt so sehr wie solche Äußerungen, dass Cicero zur Philosophie ein neues, persönliches Verhältnis gefunden hat.

Vor allem aber ist ihm die philosophische Schriftstellerei in lateinischer Sprache eine patriotische Pflicht. Überall sonst könne die römische Literatur neben der griechischen ihren Platz behaupten: «Nur die Philosophie lag danieder bis zur heutigen Zeit und hatte keinen Glanz in der lateinischen Literatur; sie müssen wir ins Licht setzen und in Schwung bringen.» Und nicht nur er: «Darum ermahne ich alle, dass sie auch auf diesem Gebiet Griechenland, das schon erlahmt, den Ruhm entreißen und ihn in diese Stadt hier verpflanzen.»

Aber es geht Cicero nicht nur um den Glanz nach außen, sondern auch um den Nutzen im Innern. Immer wieder spricht er davon, dass er möglichst vielen Römern nützen wolle, meist im Hinblick auf die intellektuelle Schulung – aber auch an die sittliche Wirkung ist zu denken: «Was können wir für die Allgemeinheit Größeres und Besseres leisten, als wenn wir die Jugend lehren und erziehen, vor allem bei den gegenwärtigen Sitten und Zeiten?» Verlangt Cicero damit das allgemeine Philosophicum? Nein: «Das freilich kann ich nicht hoffen zu erreichen, [...] dass sich alle jungen Leute diesem Studium zuwenden. Mögen es nur wenige sein – deren Tatkraft sich dann aber im Staat wird weit entfalten können.»

Ciceros philosophische Enzyklopädie, wie wir sie nennen können, eine Gesamtdarstellung der Philosophie in Dialogen, umfasst in der Endredaktion zwanzig Bücher und eines. Dieses eine ist der *Hortensius*, eine Mahnung zur Philosophie, die funktional etwa dem Prooemium von *De re publica* entspricht: Dort sollten die Philosophen zur Politik ermuntert werden, hier die Politiker, repräsentiert durch Hortensius, zur Philosophie. Diesem Prooemium der Enzyklopädie folgen sodann vier Bücher *Academici libri* über einen wichtigen Teil der Logik, die Erkenntnistheorie. Es folgen wiederum zwei mal fünf Bücher über die Ethik: *De finibus* (Über das oberste Gut) und *Tusculanae disputationes* (Tuskulanische Gespräche). Zum dritten Teil der Philosophie, der Physik, gehören *De natura deorum* (Über die Natur der Götter) in drei Büchern, *De divinatione* (Über die Weissagung) in zwei Büchern, *De fato* (Über das Schicksal) in einem Buch. Zumindest die interessantesten Gebiete der damals gelehrten Philosophie sind damit abgedeckt.

Grundsätzlich neu ist die von Cicero geschaffene Form. Fast jedes der Probleme wird nämlich in Dialogform so diskutiert, dass die Vertreter verschiedener Philosophenschulen gegeneinander antreten. Natürlich waren auch in griechischen Schriften verschiedene Lehrmeinungen vorgestellt und kritisiert worden; dies geschah aber, soweit wir wissen, immer vom Standpunkt einer bestimmten Schule aus. Cicero dagegen lässt auf sozusagen neutralem Boden die Widersacher aufeinanderprallen – ohne dass es dabei zu einem eindeutigen Sieg kommen muss. Als Träger des Gesprächs wählt er zweckmäßigerweise gebildete Römer seiner eigenen Zeit, vom Jahr 79 bis zur Gegenwart, wobei er in der Regel auch selbst auftritt.

Soll man philosophieren und wie?

Das Prooemium des Ganzen, der *Hortensius*, ist uns zwar verloren, aber er lässt sich aus vielen Zeugnissen großenteils rekonstruieren. *Sitne philosophandum?* (Soll man Philosophie treiben?), hieße die Frage. Cicero ließ darüber debattieren im Jahr 62, zu einer Zeit also, wo er selber auf der Höhe von Macht und Ruhm war. Schade, dass von der Attacke des Redners Hortensius auf die Philosophie nur so wenig erhalten ist. Allen Philosophen hielt er vor, dass sie nicht nach ihrer Lehre leben würden – ein Vorwurf, den man heute nur noch den Pfarrern macht. Vor allem aber machte er sich über bestimmte Schuldogmen lustig: Die ulkigen Epikureer glauben an mehrere Welten! Die Stoiker meinen, dass an allem das Schicksal schuld sei: «Das sagte meine Großmutter auch, aber nicht meine Mutter, die war intelligent.»

Cicero als Patron der Philosophie kam nach einem Vorgeplänkel zum Kern der Sache, d. h. zu einem Satz, der bis ins achtzehnte Jahrhundert ein Fundament der Ethik gebildet hat (bis Immanuel Kant auch ihn zermalmte): «Wir alle wollen glücklich sein» – *Beati esse omnes volumus*. Den Weg dazu weise die Philosophie. Aber nicht etwa durch ihre ethischen Lehren, sondern kraft der schieren geistigen Tätigkeit. Was nun folgte, war ein so reiner Platonismus, wie ihn Cicero, außer im halbernsten *Somnium Scipionis*, sonst nie vertreten hat: Der Mensch besteht aus sterblichem Körper und göttlicher Seele, die sich aber in Gesellschaft des Körpers so wenig wohlfühle wie – ein drastisches Bild des Aristoteles – jene Gefangenen, die einmal von etruskischen Räubern an tote Kadaver, Brust an Brust, gefesselt wurden. So ist Philosophie nichts anderes als Loslösung der Seele vom Leibe. Die bloße Erkenntnis, vor allem der Natur, gibt das höchste Glück. – In einem Punkt, im wichtigsten, weicht Cicero vom *Somnium Scipionis* ab. Dort war immer noch der Politiker der wahre und eigentlichste Philosoph: Jetzt ist die Erkenntnis, unabhängig von ihrer politischen Umsetzung, ein höchster Wert geworden. Programmatisch zeigt also Cicero in seinem *Hortensius*, welche neue Bedeutung die Philosophie für ihn gewonnen hat.

Ging es hier um die Philosophie als solche, unter Absehung von allen Schulen und Dogmen, so behandeln die nun folgenden *Academici libri* einen innerphilosophischen Meinungsstreit. Ist es möglich, zu festen, beweisbaren Aussagen zu kommen, oder muss sich der Philosoph als Skeptiker mit einer bloßen Wahrscheinlichkeit begnügen? Diese Frage war gerade innerhalb der platonischen Akademie kontrovers (darum *Academici libri*): Die Akademiker von Arkesilaos bis Philon, dem maßgeblichen Lehrer Ciceros (S. 16), vertraten den skeptischen Standpunkt und meinten, hierin auch mit Platon übereinzustimmen. Philons Schüler Antiochos von Askalon, auch er Cicero persönlich bekannt (S. 22), behauptete dagegen, Platon sei Dogmatiker gewesen: Die ganze Philosophie von Platon über Aristoteles bis zu Zenon, dem Gründer der Stoa, sei mit kleinen Differenzen im Wesentlichen eine einheitliche Lehre, die er «alte Akademie» (*vetus Academia*) im Gegensatz zur «neuen» (*nova Academia*) nannte. So auch nach Ciceros Sprachgebrauch (dem wir uns anschließen).

Bei wohl keiner Schrift der gesamten Antike kennen wir die Entstehung so detailliert wie bei diesen *Academici libri*. Sie waren in ihrer Urfassung in zwei Bücher, *Catulus* und *Lucullus*, geteilt, die zusammen mit dem *Hortensius* eine Trilogie bilden sollten. In der Fassung letzter Hand bestritt dagegen der berühmte Gelehrte M. Terentius Varro neben Cicero die Diskussion: Diese Fassung hatte vier Bücher, die sich aber substantiell etwa mit den zwei Büchern der Urfassung deckten. Durch einen Zufall der Überlieferung ist uns nun von der endgültigen Fassung ein Teil des ersten Buchs, von der Urfassung das ganze zweite Buch, der *Lucullus*, erhalten – immer noch genügend Stoff für akademische Denksportler.

Wir beginnen mit dem ersten Buch der Fassung letzter Hand. Sogleich das Eingangsgespräch reißt uns hinein in die Kontroverse. Varro kommt bei Cicero zu Besuch: «Was höre ich? Du hast die alte Akademie verlassen, wohnst in der neuen?» Cicero schäkert: Sind nicht neue Häuser besser als alte? Und, ernsthafter, habe nicht Philon überhaupt geleugnet, dass es zwei Akademien gebe? Dessen Standpunkt erhält nun durch Cicero seine Begründung, während Varro die Gegenposition vertritt.

Der erhaltene Teil des ersten Buchs gibt eine Darstellung der Philosophiegeschichte, zunächst von Sokrates bis Zenon, aus der Sicht Varros, d. h. des Antiochos, dann der «neuen Akademie», mit Arkesilaos beginnend, aus der Sicht Ciceros, d. h. Philons (was aber bald abreißt). Dieser Text ist wichtig nicht nur als Quelle für die Lehre des Antiochos (die hier weit über die Erkenntnistheorie hinaus dargestellt wird), sondern weil hier überhaupt zum ersten Mal abstraktere Sachverhalte der griechischen Philosophie lateinisch ausgedrückt werden (in *De re publica* und *De legibus* war das ja noch nicht der Fall). Die Problematik der Latinisierung einzelner Begriffe wird dabei auch thematisiert. Man muss zum Teil Neubildungen wagen, zum Teil bestehende Wörter umfunktionieren. Varro bemerkt auch richtig, dass manche philosophischen Begriffe als Fremdwörter schon eingebürgert sind. Oft wählt man aber auch Umschreibungen, etwa, um wenigstens ein Beispiel zu nennen, wenn die Philosophie eingeteilt wird in: *de vita et moribus* (Ethik), *de natura et rebus occultis* (Physik), *de disserendo* (Logik).

Die eigentliche Diskussion des Hauptthemas beginnt für uns mit dem *Lucullus* der früheren Fassung. Sie verläuft in Form eines Gerichtsprozesses: L. Licinius Lucullus, der berühmte Feldherr (und Feinschmecker), klagt die «neue» Akademie an, Cicero, wie üblich in Prozessen, verteidigt. Der Ausdruck «Anklage» ist passend, da Lucullus nicht nur die Unrichtigkeit, sondern geradezu die Verwerflichkeit der bekämpften Ansicht dartun will. Gegen den Revoluzzer Arkesilaos, der die gute alte Philosophie durcheinander schmeißen wollte wie ein Tiberius Gracchus die gute alte Republik, stellt er die Erkenntnislehre des Antiochos dar: Von den grundsätzlich richtigen Sinneswahrnehmungen steigt demnach die Erkenntnis auf zu den von diesen abgeleiteten Begriffen und schließlich zur Erkenntnis der Tugenden – von der sich der Gute nicht abbringen lasse: ein Beweis dafür, dass hier sichere Erkenntnis vorliege.

Wir referieren nicht weiter, sondern bemerken, dass Lucullus auf das gar nicht aufmerksam wird, was uns heute das Hauptproblem zu sein scheint: nämlich, wie wir von Aussagen über das Sein zu solchen über das Sollen gelangen können. Überraschend ist auch, dass weder er noch Cicero in seiner Entgegnung auf das zu sprechen kommen, was man seit Kant *a priori* nennt. Schon Platon hatte doch gesehen, dass unserer Wahrnehmung der sinnlichen Wirklichkeit angeborene Ideen vorausgehen.

Doch bestrickt Ciceros Verteidigung der «neuen» Akademie durch ihr persönliches und rednerisches Engagement. Nicht Streitsucht, nur reine Wahrheitsliebe bestimme ihn. Und wie Lucullus den Arkesilaos, so attackiert er seinerseits den Antiochos moralisch, indem er ihm Unaufrichtigkeit vorwirft: Hätte er doch gleich Stoiker werden sollen, statt sich als «Akademiker» zu gerieren! Dann beginnt seine Kritik der «alten» Akademie ebenfalls bei den notorisch unzuverlässigen Sinneswahrnehmungen und geht bis zu dem Dissens der Physiker in den größten Dingen: Habe es doch zum Beispiel einen Hiketas von Syrakus gegeben, der allen Ernstes der Meinung war, dass Sonne und Sterne feststünden «und dass sich nichts in der Welt bewege außer der Erde»! (Kopernikus sollte sich einmal darauf berufen.)

Cicero lässt keinen Zweifel daran, dass er trotz früherer Eskapaden, besonders in *De legibus* (S. 65), ehrlich überzeugt ist von der skeptischen Auffassung seines Lehrers Philon. Und er ist sich bewusst, dass er mit diesem «Mandat für eine aufgegebene und längst verlassene Lehre» gegen den Trend seiner Zeit steht. Aber nebenbei erwies sich dieser Standpunkt auch für seine Gesamtdarstellung der Philosophie als günstig.

Wo ist das Glück?

Antike Ethik habe uns nichts mehr zu sagen, heißt es heute, da sie auf dem falschen, durch Kant überwundenen Grundsatz basiere, dass Ethik dem Glücksstreben zu dienen habe. Aber das heißt nicht, wie man gerne unterstellt, dass sie schlechtweg egoistisch wäre. Nur dass sie den natürlichen Trieb des Menschen berücksichtigt.

Jedenfalls stehen die beiden großen ethischen Werke Ciceros, im Frühjahr bis Sommer 45 nebeneinander abgefasst, im Zeichen des Glücks (*beate vivere*). Die fünf Bücher «Über das größte Gut und Übel» (*De finibus bonorum et malorum*) behandeln die Frage, auf welchen höchsten Wert, *summum bonum*, das menschliche Handeln letztlich abziele (griech. *telos*), d.h. was dasjenige sei, das allen sonstigen Gütern erst seinen Wert gebe. Nicht ganz so klar ist der innere Zusammenhang der nach dem Ort des Gesprächs benannten «Tusculanischen Gespräche» (*Tusculanae disputationes*) in ebenfalls fünf Büchern. Wie Cicero selbst später sagt, enthalten sie die «Dinge, die zum glücklichen Leben die nötigsten sind» – und sie gehören bis heute zu den meistgelesenen Schriften Ciceros.

Die Bücher *De finibus* geben weithin nüchterne, aber durchaus fesselnde Schuldiskussionen. Im ersten Buch trägt ein Epikureer, L. Manlius Torquatus, Epikurs Lehre von der Lust (*voluptas*) als höchstem Lebensziel vor – man sehe das schon am Säugling –, wobei er zwischen zwei Arten der Lust, dem wollüstigen Kitzel etwa des durstig Trinkenden und der bloßen Abwesenheit des Schmerzes, unterscheidet: Bereits mit dieser zweiten sei die höchste Lust erreicht, die nur noch variiert, nicht mehr gesteigert werden könne. Der epikureische Genießer «taumelt» also nicht, wie Goethes Faust, «von Begierde zu Genuss», um «im Genuss nach Begierde zu verschmachten». Cicero hat diese ihm unsympathische Lehre fair dargestellt.

Seine Widerlegung im zweiten Buch beruht auf drei Gedanken: Zunächst versucht er darzutun, dass der Mensch seinem natürlichen Drange nach, wie er sich beim Säugling zeigt, nicht nach Lust, sondern nach Selbsterhaltung strebe (die Alternative ist wohl keine zwingende). Dann führt er aus, eine bloße Abwesenheit des Schmerzes könne nie an und für sich erstrebenswert sein – was zumal bei Zahnweh nicht unbedingt einleuchten wird. Schließlich bestreitet er, zu Recht, dass alle Handlungen der Menschen eigennützig seien, wobei er aber die Lust Epikurs mit dem (damit nicht ganz identischen) Eigennutzen gleichsetzt. So bleiben seine höchst scharfsinnigen Darlegungen etwas unbefriedigend.

Hauptredner des dritten Buchs ist dann Ciceros berühmter Freund Cato (S. 87), der hier noch vor Ausbruch des Bürgerkriegs auftritt. Er erläutert als Grundprinzip der stoischen Ethik den Vorrang der Tugend (*virtus*) als der vernunftgemäßen Einstellung zu den Dingen, die den Menschen mit sich und der Natur in Harmonie leben lasse: Ihr gegenüber seien alle sonstigen Dinge Adiaphora (*indifferentia*), gerade nur in Relation zu anderem entweder vorzuziehen oder zu verwerfen. Auch diese Lehre wird von Cicero im folgenden, vierten Buch widerlegt, wobei der Ton aber weit weniger scharf ist als in den Passagen gegen Epikur. Cicero bewundert die Großartigkeit und Konsequenz der stoischen Lehre und bemängelt eigentlich nur eine unnötige Radikalität – die sie gegenüber den Peripatetikern als weniger realistisch erscheinen lasse.

Damit ist übergeleitet zum fünften Buch, das uns in Ciceros athenische Studienzeit, also in das Jahr 79, zurückführt. Hier entwickelt M. Pupius Piso Frugi diejenige Ethik, die damals als «peripatetisch» galt und die sich mit derjenigen der «alten» Akademie des Antiochos deckt. Danach sind die äußeren Güter, vor allem die des Körpers, die als «erste nach der Natur» bezeichnet werden, durchaus echte Güter, wenn sie auch neben der *virtus* verblassen. Gegen diese Darlegungen Pisos, die reich sind an treffenden Beobachtungen, hat Cicero nicht viel einzuwenden. Schwierig bleibt nur: Wie kann die Philosophie dem Menschen das Glück verbürgen, wenn auch äußere, also nicht vom Menschen verfügbare Güter dazu beitragen? Oder sind etwa manche Menschen nur glücklich, manche aber völlig glücklich? Soll man dann nicht doch den konsequenten Stoikern folgen? So unbefriedigend scheint das große Werk zu enden.

Aber dies war nicht Ciceros letztes Wort. Im fünften Buch der *Tusculanae disputationes* wird das Thema noch einmal so umfassend aufgegriffen, wie es seiner Wichtigkeit entspricht. Denn die Behauptung, dass die Tugend zum Glück ausreiche, sei «von allen Sätzen der Philosophie der bedeutendste und großartigste» – sehr richtig, ist damit doch ausgesagt, dass es nicht vom Zufall abhängt, sondern von der Einstellung eines jeden Menschen, ob er ein glückliches, erfülltes Leben führt. Dieses beruht nach Cicero auf der Geistnatur des Menschen. Jedes Lebewesen ist in seiner Art vollkommen, wenn es das für seine Natur Spezifische ausbildet; dies aber ist beim Menschen der Geist bzw. Verstand. Aber der Clou des Werks ergibt sich nicht aus diesen Prämissen. Im letzten Teil des Buches zeigt Cicero überraschenderweise, dass es gar nicht von der Bestimmung des *summum bonum* abhängt, ob man sein Glück in der Hand hat. Selbst Epikur, den man den «Lüstling» nennt, habe demonstriert, wie Tod und Schmerz überwunden und die glückswidrigen Begierden gezügelt werden können. Um wie viel mehr muss dies anderen Philosophen möglich sein! Allemal gilt: Die Tugend reicht aus zum Glück.

Glaubt Cicero das wirklich? In der ergreifenden Einleitung zum fünften Buch bekennt er, nicht immer die Glaubensstärke aufbringen zu können: «Wenn ich bei mir die Widrigkeiten betrachte, mit denen mich das Unglück so heftig heimgesucht hat, dann beginne ich bisweilen, diesem Satz zu misstrauen und Angst zu haben vor der Schwäche und Gebrechlichkeit des Menschengeschlechts.» Aber später tadelt er sich selbst wegen dieses Kleinmuts: «Denn wenn es überhaupt nur Tugend gibt – und den Zweifel daran, Brutus, hat dein Onkel (Cato) beseitigt –

dann steht sie über allem, was dem Menschen geschehen kann.» Wie ein katholischer Christ sich an der Gestalt eines Heiligen aufrichten kann, so Cicero an der des durch Freitod verklärten Cato.

Man sieht jedenfalls, wie im letzten Buch der «Tusculanen» das letzte Buch von De finibus ergänzt wird. Auch die übrigen Bücher dieser beiden ethischen Großwerke stehen in einem ähnlich komplementären Verhältnis. In den ersten beiden Büchern von De finibus war Epikurs Lustlehre dargestellt und widerlegt worden. Aber damit war Epikur nicht abgetan: Er hatte ja für das Glück noch mehr zu bieten, nämlich Hilfe gegen die Angst vor dem vermeintlich größten Übel, dem Tod, und vor dem nach seiner Ansicht einzigen realen Übel, dem körperlichen Schmerz. Darum, meine ich, widmet nun Cicero Buch I seiner «Tuscula-nen» dem Nachweis, dass der Tod kein Übel sei – egal, ob er nun in einer Befreiung der Seele vom Körper oder in einer Totalvernichtung bestehe. Und er legt in Buch II dar, dass der Schmerz – zwar ein gewisses Übel, aber nicht das größte Übel sei, sich vielmehr grundsätzlich ertragen lasse.

Ähnliches gilt für die jeweiligen Bücher III und IV. In De fini-bus war das *summum bonum* der Stoiker in Frage gestellt wor-den. Damit behielten die Stoiker aber immer noch ihren Wert als praktische Lebenshelfer: Sie zeigten ja, dass man die Affekte, die vernunftwidrigen Leidenschaften, beherrschen, ja ausrotten müsse und wie dies möglich sei. So beweist denn auch Cicero in Buch III der «Tusculanen», dass der vollkommene Mensch dem seelischen Schmerz (*aegritudo*) nicht unterworfen sein dürfe, in Buch IV, dass das auch für die übrigen Affekte, wie Zorn, Furcht, Neid, Hass, Liebe, gelte, wobei auch genaue Ratschläge zur Bekämpfung gegeben werden. Nie ist Cicero so stoisch wie in diesen Büchern – und selten so weit entfernt von Platon wie dort, wo er die Leidenschaft der Liebe und mit ihr die ganze Eros-Religion der Dichter verwirft.

Während die Bücher von De finibus der Idee nach historische Gespräche der Jahre 50, 52 und 79 wiedergeben, führen uns die *Tusculanae disputationes* in die unmittelbare Gegenwart des Juni 45. Ein Schüler stellt jeweils eine These auf (zum Beispiel

«Der Tod scheint mir ein Übel zu sein»), die dann von Cicero widerlegt wird. Bei dieser «Methode des Sokrates», wie er sie nennt, kommt er in Person noch mehr zu Wort als in den sonstigen Dialogen. Vor allem aber spricht er selbst in dem schon zitierten Prooemium zum fünften Buch der «Tusculanen», das man einen Hymnus an die Philosophie genannt hat und das vielleicht das schönste Bekenntnis zur Philosophie darstellt, das in der Antike gesprochen wurde. Ich zitiere: «O Führerin des Lebens, Philosophie! O Aufspürerin der Tugend, Austreiberin der Laster! Was hätten nicht nur wir, sondern überhaupt das Leben der Menschen ohne dich sein können?» Und später: «Zu dir flüchten wir, von dir erbitten wir Hilfe, dir ergeben wir uns, wie früher zu einem großen Teil, so nun völlig und gänzlich.»

Gott und die Welt

Wenn auch die Ethik nach allgemein römischer Ansicht der wichtigste Teil der Philosophie ist, so steht doch noch über ihr die Physik, die «Erkenntnis der Natur», die nach dem *Hortensius* höchstes Glück geben soll. Sie hat es ja auch mit dem Göttlichen zu tun. Cicero behandelt sie unter drei miteinander zusammenhängenden Aspekten: 1. «Wesen der Götter» (*De natura deorum*), 2. «Weissagung» bzw. Prophetie (*De divinatione*), 3. «Schicksal» bzw. Vorherbestimmtheit (*De fato*). Wenn die allwissenden Götter für die Menschen sorgen (1), dürften sie diese auch an ihrem Zukunftswissen teilhaben lassen (2); dieses aber setzt voraus, dass die Zukunft überhaupt determiniert ist (3). Vor allem die Diskussion des dritten Problems ist zur Zeit, im Zeichen der Hirnforschung und Strafrechtsdiskussion, wieder hochaktuell. Für die Römer waren alle drei Probleme wichtig, schon weil sie sich für die frömmsten unter allen Menschen hielten. Für Cicero kam hinzu, dass er seit 53 v. Chr. römischer Priester, ein Mitglied des Augurenkollegiums, war. Das legte ihn aber nicht auf spezielle Dogmen fest – es gab für Priesterberufe ja auch kein Theologiestudium.

In *De natura deorum*, begonnen wohl im Sommer 45, werden über die «Natur der Götter» zwei dogmatische Ansichten ent-

wickelt, die jeweils von dem Akademiker («Neuakademiker»)
C. Aurelius Cotta, einem wesensverwandten Doppelgänger Ciceros, widerlegt werden: Auch er ist amtierender Priester, ein
pontifex. Wieder steht Epikur, vertreten von dem etwas hoch-
näsigen C. Velleius, im ersten Buch an der Spitze. Dessen glück-
selige Götter leben zwischen den unzähligen Welten des Alls
und genießen ihre eigene Glückseligkeit, ohne sich um die Menschen zu kümmern. Wie unbegreiflich für den immer tätigen Cicero! Die Widerlegung ist für Cotta nicht schwer. Er hält Epikur
für einen verkappten Atheisten, der den Götterglauben nur dem
Namen nach beibehalten habe.

Seriöser ist die stoische Theologie, vertreten durch Q. Lucilius
Balbus, der zunächst einmal sorgfältig die Existenz der Götter
nachweist, vor allem durch den bis heute beliebten «physiko-
theologischen» Gottesbeweis, in dem mit der harmonischen
Ordnung des Weltganzen argumentiert wird. Beeindruckend ist
vor allem der detaillierte Nachweis, dass alles durch die Götter
in der Welt zweckmäßig eingerichtet sei. Balbus examiniert den
menschlichen Körper von Scheitel bis Sohle: Wer hat schon bedacht, dass wir zwar Augenlider, aber keine entsprechenden
Deckel für die Ohren haben? Natürlich, wir müssen ja auch im
Schlaf gefährliche Geräusche hören können. Ähnlich überzeugend erklärt Balbus zum Beispiel die Gehörwindungen, die Ohr-
muscheln, ja das Ohrenschmalz. Und wenn man Darwins Theorie nicht kennt, liegt der Schluss auf den «intelligent designer»
nahe.

Am interessantesten aber ist sein Schlusswort. Balbus empfin-
det nämlich sein stoisches Gottesbild als so übereinstimmend
mit dem römischen, dass er Cotta auffordert, ihn nicht zu
widerlegen, sondern zu bekräftigen und sich dadurch «als führender Bürger und Priester» zu erweisen. Aber da gerät er bei
Cotta an den Falschen. In einer Grundsatzerklärung, aus der
wohl Cicero selber spricht, trennt dieser zu Beginn des dritten
Buches traditionelle Religionspraxis und philosophische Reli-
gionskritik. Als «führender Bürger und Priester» stehe er unver-
brüchlich zu der von Romulus und Numa eingerichteten römischen Religion, ohne dafür Gründe zu fordern; als Philosoph

dagegen müsse er verlangen, dass man für alles Rechenschaft ablege.

Und so macht sich Cotta ein Vergnügen daraus, alles, was die Stoiker für Dasein und Fürsorge der Götter vorgebracht haben, zu zerpflücken. Man denke nur zum Beispiel daran, wie oft die Guten leiden und die Bösen Glück haben! Damit wolle er den Götterglauben natürlich nicht aufheben, sondern nur zeigen, wie schwierig das Problem sei … Cicero, der bei dem Gespräch anwesend war, beendet den Dialog mit einem überraschenden Bekenntnis: Velleius zwar sei von Cotta überzeugt worden, ihm aber scheine Balbus «doch näher an der Wahrscheinlichkeit» zu sein. Als skeptischer Akademiker bewahrt er sich die Freiheit, wieder einmal mit Vorbehalt der Stoa zuzustimmen.

Aber in beiden nun folgenden Werken, welche die Enzyklopädie abschließen, distanziert sich Cicero von der Stoa – und kommt dabei nun doch in Konflikt mit seinem Amt als Augur. Die Existenz der in *De divinatione* behandelten «Weissagung» war ja unentbehrlicher Teil des öffentlichen Lebens in Rom: in Form der Auspizien, d. h. der Vogel- und Blitzbeobachtung, durch die Haruspizin der etruskischen Eingeweideschauer und schließlich durch die Befragung der Sibyllinischen Bücher. Ein theoretisches Fundament für diese Praxis lieferten die Stoiker dank ihrer Lehre von der göttlichen Fürsorge und besonders der die gesamte Welt durchwaltenden «Sympathie» (d. h. dem Mitempfinden der aufeinander abgestimmten Teile). Ihre Ansicht vertritt im ersten Buch Ciceros Bruder Quintus, der neben den erwähnten, «künstlichen» Formen der *divinatio* auch «natürliche» Erscheinungsweisen wie Visionen und Träume behandelt. Beweis für die Richtigkeit sind ihm vor allem die unzweifelhaften Erfolge der Disziplin. Die *divinatio* in ihren künstlichen Gestalten hält er für eine echte, auf der Erfahrung von Jahrtausenden beruhende empirische Wissenschaft.

Gegen diese zum Teil etwas betulichen Ausführungen des Quintus ist Marcus Ciceros Entgegnung im zweiten Buch ein Meisterstück an Witz. Zunächst einmal erklärt er alle *divinatio* für unnütz, denn wenn es kein *fatum* (Schicksal) gibt, existiert auch sie nicht; gibt es aber ein *fatum*, hilft uns das Vorwissen nichts. Dann kritisiert Cicero zunächst die Eingeweideschau: Wie sollten tierische Eingeweide mit zukünftigen Ereignissen koordiniert sein? Bei der Behandlung der Auspizien nimmt er, der Augur, vollends keine Rücksicht auf religiöse Bedenklichkeiten. Deren Beibehaltung beruhe nicht auf ihrer Richtigkeit, sondern auf dem «Glauben des Volkes» und den «großen Vorteilen für den Staat», denn die Auguraldiziplin gebe ja den führenden Politikern die Möglichkeit, unzweckmäßige Volksbeschlüsse zu verhindern – wir würden sagen, das Volk zu manipulieren. Welcher Priester hat sich je so offenherzig über seinen Beruf geäußert?

Am Schluss erklärt Cicero sein Werk geradezu zur Kampfschrift gegen den Aberglauben (*superstitio*), den er von der wahren Religion (*religio*) trennt. Aberglauben, wozu die *divinatio* gehört, muss ausgerottet werden, da er den ängstlichen Menschen um seinen Seelenfrieden bringt. Fast nirgendwo in seinen philosophischen Schriften ist Cicero mit solcher Leidenschaft bei der Sache wie in diesem Werk, das die Aufklärer des 18. Jahrhunderts begeistert hat – und das man noch heute jedem Parapsychologen empfehlen kann.

Aber Ciceros Meisterwerk in fachphilosophischer Hinsicht ist wohl *De fato* (Über das Schicksal). Im Frühjahr 44 nach Caesars Ermordung verfasst – diese fiel in die Zeit der Abfassung von *De divinatione* –, beruht sie auf einem Gespräch mit dem noch von Caesar für 43 designierten Consul A. Hirtius. Da die Schrift unvollständig überliefert ist, lässt sich der Gesamtaufbau nur ungefähr erraten. Zu widerlegen war jedenfalls, in Art der «Tusculanen», der Satz: *omnia mihi videntur fieri fato* (Ich meine, dass alles nach Schicksal geschieht), den schon Hortensius belächelt hatte (S. 91). Dies war ein Grundaxiom der Stoiker, besonders des Chrysipp, welches besagte, dass alles, was in der Welt geschieht, Glied einer unendlichen Kausalkette sei, die man auch Schicksal nenne und welche alles unweigerlich determiniere. Mit dieser Formulierung des Kausalgesetzes war zum ersten Mal das Problem der Willensfreiheit in der Gestalt gegeben, in der es noch heute diskutiert wird: Wird durch einen solchen Determinismus nicht die Grundlage der Ethik, die frei

verantwortliche Entscheidung, aufgehoben? Dies ist in der Tat
Ciceros Meinung, der darum das *fatum* verwirft.

Der Gedankengang von Ciceros Disputation scheint sich
nach den von den Stoikern vorgebrachten drei Beweisen für das
fatum gerichtet zu haben. Obenan stand 1. der Beweis aus der
Weissagung (*divinatio*) und der ihr zugrundeliegenden «Sympathie»: Hier versucht Cicero den Nachweis, dass die mit Wenn-
Dann formulierten Lehrsätze dieser Disziplin zu einer absoluten
Notwendigkeit führen müssen, die jeden Gedanken an eine
Möglichkeit, die Chrysipp doch aufrechterhalte, ausschließe.
Dann kommt man zu Chrysipps 2. Beweis: aus dem Satz vom
ausgeschlossenen Dritten («Jeder Satz ist entweder wahr oder
falsch»). Dieser, meinte Chrysipp, könne nur gelten, wenn jede
Bewegung eine Ursache habe. Überraschenderweise lässt Cicero
das unbeanstandet, verbietet aber, aus dieser Kausalität auf die
Fatalität zu schließen, indem er neben «ewigen» auch «zufäl-
lige» Ursachen ansetzt. Damit sind wir beim 3. Beweis: aus der
Kausalität («Alles geschieht nach vorhergehender Ursache»).
Aus Ciceros Widerlegung lernen wir hier die Ursachenlehre
Chrysipps kennen: Wie eine Walze nicht nur darum rollt, weil
sie angeschoben wird, sondern weil die «Rollbarkeit» in ihrer
Natur liegt, so wird auch das menschliche Handeln zwar durch
äußere Impulse veranlasst, beruht aber auf einer in der Macht
des Menschen liegenden «Zustimmung». Wie vereint sich aber
damit der stoische Glaube an das lückenlose *fatum*?

Leider bricht ungefähr hier der überlieferte Text ab. So ab-
strakt der Gedankengang auch war, Cicero hat doch gerade
auch dieses Thema mit Hingabe behandelt. Der Gedanke, dass
das Handeln des Menschen nicht frei sei, war ihm so unerträg-
lich, dass er an einer Stelle sagt, er wäre eher noch bereit, Epikur, dem fürwitzigen Leugner der Kausalität und des Satzes vom
ausgeschlossenen Dritten, zu folgen, als an der Freiheit des Wil-
lens zu zweifeln. Dabei ist es im Sinne der Großarchitektur wohl
beabsichtigt, dass sich gerade in dieser letzten Schrift die Probleme aller drei Teile der Philosophie vereinen. Eine Frage wie
die, ob futurische Aussagen, falls wahr, die Zukunft festlegen,
gehört in die Logik. Zur Ethik rechnet das Problem, ob sich eine

Determiniertheit des Handelns mit seiner Bewertung durch Lob oder Strafe vereinen lässt. Die Kausalität aber ist natürlich ein Begriff vor allem der Physik. So war es sinnvoll, mit dieser komplexesten Frage der Willensfreiheit die große, das Ganze der Philosophie umfassende Enzyklopädie abzuschließen.

Leichtere philosophische Kost

Von geringerem Gewicht, aber anmutig und lebendig sind zwei kleinere philosophische Dialoge dieses Jahres (44), die noch einmal Personen des «Scipionenkreises» präsentieren: *Cato maior de senectute* (über das Alter) und *Laelius de amicitia* (über die Freundschaft). Vom älteren Cato, der uns sonst als bärbeißiger Verächter griechischer Kultur bezeugt ist, wusste man immerhin auch, dass er im Alter noch Griechisch gelernt und Philosophie studiert hat. So führt Cicero ihn als greisen philosophischen Gesprächspartner des jüngeren Scipio und Laelius ein. Wie er es denn nur fertig bringe, sein Alter so gut zu bewältigen? (Für den 62-jährigen Cicero war das ein aktuelles Problem.) Cato, Prozessroutinier, liefert aus dem Stand eine Verteidigungsrede, sozusagen *Pro senectute*, in der er vier Vorwürfe gegen das Alter zurückweist: dass es untätig mache, den Körper schwäche, die Genüsse nehme und den Menschen dem Tode näher bringe. Dabei versteht er es, all diese Nöte in Tugenden zu verwandeln, wobei entscheidend die Freuden des Geistes sind, die dem Älteren ja bleiben.

Gewidmet war die Schrift seinem treuen Freund Atticus, den er sogleich noch mit einem zweiten Büchlein bedenkt: *Laelius*, ein Gespräch, in dem der Titelheld, bekannt als Freund Scipios, die Freundschaft (*amicitia*) selbst thematisiert. Obwohl Atticus als Epikureer galt, wird gerade die Freundschaftslehre Epikurs in dieser Schrift angegriffen: Freundschaft kann nicht auf dem Nutzen beruhen; sie entzündet sich an der Tugend des «zweiten Ich» (*alter ego*) und besteht in einem «Einverständnis über alle göttlichen und menschlichen Dinge». So versteht sich Ciceros schönster Satz: dass es Freundschaft nur unter Guten geben kann. Das hebt sie natürlich weit über alles, was man in der römischen Politik üblicherweise *amicitia* nennt. Dennoch dürfte Cicero bei der Abfassung nicht nur an Atticus, sondern auch an den früheren politischen Wunschfreund Pompeius gedacht haben. Dieser selbst hatte ihn einmal im Senat als seinen *alter ego* bezeichnet.

Wir registrieren nur der Vollständigkeit halber die ebenfalls nach Caesars Ermordung verfassten (uns leider verlorenen!) zwei Bücher *De gloria* (Über den Ruhm) und das halbrhetorische Büchlein *Topica*, in dem, angeblich nach Aristoteles, die allgemeinsten Methoden der Argumentation behandelt werden. Bei dem früher verfassten *Timaeus*, der unvollständig erhalten ist, handelt es sich um eine Übersetzung des gleichnamigen platonischen Dialogs. Beide Schriften werden heute kaum mehr gelesen.

Höchsten Wohlwollens auch bei der Nachwelt erfreut sich dagegen Ciceros letzte philosophische Schrift, die im Herbst 44 verfassten drei Bücher *De officiis* (Über die Pflichten). Sie hat der Kirchenvater Ambrosius bearbeitet; schon 1456 erschienen von ihr zwei Druckausgaben; von ihr haben Luther, Hume und Voltaire geschwärmt; und Friedrich der Große dekretierte gar, eine bessere Schrift über die Moral könne nie geschrieben werden. Anders denken gerade Fachleute. So urteilte der Philosoph Johann Friedrich Herbart (1811), *De officiis* sei «in wissenschaftlicher Hinsicht das Schlechteste», was Cicero hinterlassen habe. Wie kommt es zu solcher Differenz?

Cicero widmet die Schrift seinem etwa zwanzigjährigen Sohn Marcus, der in Athen Rhetorik und Philosophie studierte – dabei freilich gern auch dem attischen Wein zusprach. Ihn galt es vor allem zu belehren und an die Grundsätze seines Vaters zu erinnern. So enthält dieses Werk, obwohl es einer griechischen Vorlage, den Büchern des Stoikers Panaitios «Über die Pflicht» folgt, ein lebensgesättigtes Handbuch moralischer Vorschriften, die in Fülle ausgebreitet, aber weniger aus allgemeinen Prinzipien deduziert werden.

Schon gleich zu Beginn ist die Bestimmung des *officium* unbefriedigend. Statt einer Definition unterscheidet Cicero zwei Arten von Pflichten, die «vollkommene» (*perfectum officium*) und die «mittelmäßige» (*medium officium*). Erst im dritten Buch wird das etwas klarer: Hier erfahren wir fast nebenbei, dass die Unterscheidung der beiden Pflichten auf dem Unterschied zwischen dem stoischen «Weisen» und dem Normalmenschen beruht: Nur jener kann im vollen Sinn sittlich handeln, dieser bleibt in einem Schein des Sittlichen befangen. Und damit lernen wir jetzt plötzlich auch, dass alle bisher behandelten Pflichten nur «eine Art von Sittlichem zweiter Klasse» darstellten.

Panaitios und Cicero entwickeln ihre Pflichten nach den vier Formen des «sittlich Guten» (*honestum*), d. h. im Grunde den vier von Platon festgelegten Kardinaltugenden. Sie heißen bei Cicero: 1. Erkenntnis der Wahrheit, 2. Ausrichtung auf die Gemeinschaft, 3. Großherzigkeit, 4. Maßempfinden und Mäßigung. Alle vier beruhen auf der Vernunftnatur des Menschen, sie werden somit aus einer natürlichen Neigung des Menschen hergeleitet – im größtmöglichen Gegensatz zu Kant. Während Cicero so weit systematisch vorgeht, schüttelt er seine Einzelvorschriften dann sozusagen locker aus dem Ärmel, orientiert an dem, was er seinem Sohn für nützlich hält. So heißt es zum ersten Punkt: Man solle nie leichtsinnig für wahr halten, was man nicht sicher erkannt habe, man solle nicht zu viel Zeit auf unnötiges Grübeln verwenden und, vor allem, sich nicht durch geistige Studien von den Aufgaben der Gemeinschaft abhalten lassen. Hier war der Sohn folgsam: Schon ein Jahr später schloss sich der Philosophiestudent dem Caesarmörder Brutus an, und bei Philippi hat er mitgekämpft.

Etwas überraschend ist, dass sich Pflichten auch aus dem Nützlichen (*utile*) ergeben sollen (so im zweiten Buch); weniger überraschend, dass es zwischen dem Nützlichen und dem sittlich Guten zum Konflikt kommen kann, wie auch schon Panaitios gesehen, aber nicht ausgeführt hatte. So ergänzt Cicero dessen (unvollendetes) Werk selbständig um ein weiteres Buch.

Vom wohl größten Erfolg seiner Schrift konnte Cicero nichts ahnen. In ihm erscheint zum ersten Mal der vor allem in den letzten Jahrhunderten so viel strapazierte Begriff der Menschenwürde. Er gehört zum vierten Teil des *honestum* und beruht wiederum auf der Vernunftnatur des Menschen: Während das

Tier nach sinnlichen Lüsten strebt, verschmäht der zum Denken bestimmte Mensch diese – oder verbirgt doch schamhaft sein Streben nach ihnen. Denn die Lust passt nicht zur «Menschenwürde» (*hominis dignitas*). Etwas anders, als wir das Wort auffassen!

7. Der letzte Kampf (44–43 v. Chr.)

Die letzten anderthalb Lebensjahre Ciceros sind von einer Dramatik, wie kein tragischer Dichter sie packender erfinden könnte.

Erster Akt: Nach den Iden
(15. März – 31. August 44)

Der erste Akt begann sogleich, als nach dem Attentat an den Iden des März 44 Brutus, den von Caesars Blut gefärbten Dolch in der Hand, auf das Forum trat und den Namen «Cicero» ausrief. Nun war, nachdem er an der Verschwörung ja keinen Anteil gehabt hatte, seine Stunde gekommen. Er schien die Herausforderung zunächst anzunehmen. Als Caesars Mitconsul Marcus Antonius zwei Tage später, zum 17. März, eine Senatssitzung einberief, hielt Cicero eine, trotz Billigung des Tyrannenmords, maßvolle Rede, durch die auf einige Zeit der Grund gelegt wurde zu einem Auskommen zwischen dem Caesarfreund Antonius und den Caesarmördern (den «Befreiern», wie Cicero sie nennt): Caesars Verfügungen (*acta Caesaris*), auch die erst geplanten, sollten gültig bleiben, dafür wurde allgemeine «Amnestie», mit dieser Vokabel, gewährt. So hielt vorläufig auch noch Antonius auf ein gutes Verhältnis zu den Caesarmördern, während er im Volk schon gegen sie Stimmung zu machen begann.

Über ihn kam es bald zur Auseinandersetzung zwischen Cicero und den «Befreiern»: Während Cicero in ihm den gefährlichsten Feind sah, den man an den Iden des März gleich hätte mit beseitigen müssen – «ich hätte reinen Tisch gemacht» –, hofften Brutus und Cassius noch auf Verständigung, obschon auch ihnen in Rom der Boden zu heiß wurde. Sie ließen sich im Juni vom Senat einen Auftrag erteilen, der sie aus Italien entfernte. Antonius regierte inzwischen in der Manier Caesars mit fast dictatorischer Willkür durch Gesetze, ohne Rücksicht auf den Senat. So ließ er sich als proconsularische Provinz die für eine Beherrschung Italiens militärisch wichtige Gallia Cisalpina übertragen, die in diesem Jahr noch von Decimus Brutus, einem der Caesarmörder, verwaltet wurde. Hier bahnte sich ein neuer Bürgerkrieg an.

Cicero aber hielt in den Wirrungen dieser Monate an seinen schriftstellerischen Projekten fest (S. 76). Schließlich dachte er daran, für den Rest des Jahres, d. h. solange Antonius Consul war, nach Griechenland zu entfliehen. Dank Zaudern und ungünstigem Wind war er aber am 6. August noch immer erst in Rhegion, wo ihn Nachrichten über einen angeblichen Sinneswandel des Antonius erreichten. Einige Zeit später berichtete Brutus von einer tapferen Rede, die Caesars Schwiegervater Piso am 1. August gegen Antonius im Senat gehalten habe. Da durfte Cicero nicht fehlen: Zurück nach Rom! Der zweite Akt begann.

Zweiter Akt: Zwei Reden gegen Antonius
(31. August – 19. Dezember 44)

Am 31. August war Cicero wieder in Rom. Schon für den 1. September hatte Antonius den Senat berufen. Man warnte Cicero: er möge lieber krankheits- als todeshalber dem Senat fernbleiben. So ließ er sich entschuldigen – was nun Antonius so erboste, dass er drohte, Ciceros Haus abzureißen. Dann fehlte Antonius am 2. September im Senat, den der Mitconsul Dolabella leitete. Nun wagte es Cicero seinerseits, zu erscheinen und die Rede zu halten, die uns als erste *Philippica* überliefert ist (ursprünglich: *In Antonium*). Er eröffnete darin noch nicht den Kampf mit Antonius, sondern kritisierte nur, unter geflissentlicher Wahrung der «Freundschaft», energisch dessen seit Juni senatsfeindliche Politik: «Kehre um, ich bitte dich, blicke auf deine Vorfahren.»

Dem Choleriker Antonius war auch diese Rede, die man noch als Versöhnungsangebot verstehen konnte, zu aufsässig. Angeblich in Klausur mit seinem rhetorischen Trainer erarbeitete er eine große Invektive gegen Cicero, die er am 19. September im Senat vortrug, wiederum in Ciceros Abwesenheit. Gerne besäßen wir gerade diese Rede, denn sie enthielt eine Generalabrechnung mit Cicero, in der ihm die Schuld an allem Unglück der vergangenen zwanzig Jahre zugeschoben wurde: von der Hinrichtung der Catilinarier bis zum Attentat auf Caesar. Dabei schonte Antonius immer noch die eigentlichen Caesarmörder.

Nun ließ auch Cicero seiner Wut auf Antonius freien Lauf: Seine Gegenrede, die sogenannte «Zweite Philippica», die nie gehalten, wahrscheinlich von ihm auch nie veröffentlicht wurde, hat den Namen *Philippica* in den europäischen Sprachen zur festen Bezeichnung für eine Schmährede gemacht – und damit einen Ruhm gewonnen, den sie vielleicht nicht ganz verdient. Neben der Geldgier und dem ausschweifenden Genussleben seines Gegners stellt Cicero vor allem dessen provozierend theatralische Leichtfertigkeit in den Vordergrund. Im Gedächtnis des Lesers haften die pittoresken Szenen, wie etwa Antonius als Propraetor seine Geliebte Cytheris in offener Sänfte, umgeben von Liktoren, durch Italien tragen lässt; wie er, im Range eines Magister equitum, sich öffentlich in Folge eines Alkoholexzesses übergeben muss; und, nicht zuletzt, wie er an den Lupercalia im Februar 44, nackt bis auf einen Ziegenfellschurz, seinem im Purpur thronenden Mitconsul Caesar das Königsdiadem anbietet – zum Entsetzen des römischen Volkes! Dabei konnte Cicero seinem Gegner auch aus der Literatur Züge beigeben. Die Forschung hat gezeigt, dass er in dieser Rede, sowohl hinsichtlich des Aufbaus als auch vieler Motive, der «Kranzrede» des Demosthenes gefolgt ist. Wie jetzt Cicero mit Antonius, so hatte dieser im Jahr 330 mit seinem Gegner Aischines abgerechnet.

In beiden Reden Ciceros – wie offenbar auch in der Invektive des Antonius – wurde der Mann noch nicht erwähnt, der bald der Wichtigste im Spiel der Kräfte werden sollte: C. Iulius Caesar Octavianus, der Adoptivsohn des Ermordeten, erst achtzehn

Jahre alt, den schon sein Name «Caesar» dem Volk empfehlen
musste. («Octavian», wie wir zu sagen pflegen, hat er sich selbst
nie genannt.) Er trat seit dem Frühjahr auf, bald als Rivale, bald
als Verbündeter des Antonius; auch mit Cicero hatte er schon
am 21. April einen ersten Kontakt aufgenommen. Große Popularität, auf Kosten des Antonius, gewann Octavian durch die
prachtvollen Spiele, die er dem Vater und dessen Schutzgöttin
Venus Ende Juli ausrichtete. Dabei ließ sich auch noch ein Ko-
met sehen: Wer sonst als er selbst, *divus Iulius*, der vergöttlichte
Caesar!

Anfang Oktober hatte sich das Verhältnis von Antonius und
Octavian so sehr verschlechtert, dass sie sich wechselseitig At-
tentatsversuche vorwarfen. Beide verließen Rom, Antonius, um
in Brundisium das Kommando über vier aus Makedonien kom-
mende Legionen zu übernehmen, Octavian, um in Kampanien
unter Caesars Veteranen Truppen gegen Antonius zu werben,
illegal, versteht sich. Als auch zwei von den makedonischen Legionen zu dem spendierfreudigen Sohn Caesars abgefallen waren, beschloss Consul Antonius Ende November, mit dem Rest
seiner Armee nach Gallien zu ziehen, um sich wenigstens seine
Provinz zu sichern.

Und was tat Cicero? Er arbeitete zunächst vor allem an *De
officiis* (S. 105), worin er erstmals mit Caesar wirklich abrech-
net: Eine geradezu dämonisch grundlose «Lust am Bösen» (*pec-
candi libido*) konstatiert er bei dem einstigen «Freund». Dann
aber erhielt er am 1. November einen Brief vom jungen «Caesar», der ihn im Hinblick auf den sich abzeichnenden Krieg um
seinen Rat ersuchte. Sollte Cicero nun doch auf Octavian setzen? Es war deutlich, dass dieser um die Gunst des angesehenen
Consulars buhlte; täglich schickte er Briefe: Cicero solle doch
noch einmal «den Staat retten». Wieder geben uns die Briefe an
Atticus Einblick in Ciceros Unschlüssigkeit: «Wem sollen wir
folgen? Sieh dir seinen (‹Caesars›) Namen an, sein Alter!» Und
dann: «Nie war ich in größerer Verlegenheit.»

Als Octavian, nach Rom zurückgekehrt, am 11. November
auf einer Volksversammlung seine Rechte zur Statue Caesars
ausstreckte und dabei mit den Worten schwor: «So wahr ich zu

den Ehren meines Vaters gelangen möchte ...», notierte Cicero kopfschüttelnd: «Von dem möchte ich nicht einmal gerettet werden.» War das die Entscheidung gegen ihn? Nein. Ein Brief an Decimus Brutus vom 19. Dezember zeigt, dass sich Cicero inzwischen doch anders entschlossen hatte: trotz allen Bedenken für Octavian, der ihm die einzige Rettung vor Antonius schien. Er beschwört in diesem Brief den Caesarmörder und jetzigen Provinzstatthalter von Gallia Cisalpina, auch ohne Senatsauftrag, auf eigene Verantwortung seine Provinz dem Consul Antonius zu verweigern; sonst würde er – dies der wichtigste Punkt – implizit auch die Tat des «Knaben Caesar» verurteilen, «der eine so wichtige Sache des Staats auf persönlichen Entschluss hin zu der seinen gemacht hat». Der Freibeuter Octavian also war unter die Retter des Staats eingereiht. Vorhang auf zum dritten Akt!

Dritter Akt: Mit Demosthenes gegen den Staatsfeind (20. Dezember 44 – 21. April 43)

Decimus Brutus hatte auf Ciceros Brief nicht gewartet. Schon in der Frühe des 20. Dezember wurde in Rom ein Edikt von ihm veröffentlicht: Er werde seine Provinz nicht übergeben, sondern sie «dem Senat zur Verfügung halten». Nun handelte auch Cicero plötzlich mit einer Entschlossenheit, wie er sie seit zwanzig Jahren nicht mehr gezeigt hatte. Gegen seinen Vorsatz, bis zum 1. Januar 43 dem Senat fernzubleiben, ging er hin und nutzte die Chance der ersten Rede, um unter Übergehung der Tagesordnung die neu entstandene Lage zum Ausgangspunkt eines leidenschaftlichen Appells zu machen. Mit einer einzigen Rede gelang es ihm, drei folgenreiche Beschlüsse durchzusetzen: 1. Der Senat billigt das Edikt des Decimus Brutus – der damit zu seinem illegalen Verhalten autorisiert wurde. 2. Der Senat fordert alle Statthalter auf, ihre Provinzen ebenfalls «dem Senat zur Verfügung zu halten»: Dadurch annullierte man die bisherige Provinzverlosung. 3. Der Senat belobigt das Verhalten der Soldaten, die sich Octavian angeschlossen haben, weil sie «die Autorität des Senats und die Freiheit des römischen Volks» verteidigt hätten.

Der römische Senat verbündete sich also mit dem jungen Revolutionär!

Ciceros Rede, als «Dritte Philippica» überliefert, überbot an drängender Leidenschaftlichkeit alles, was er bisher als Redner gegeben hatte. Vor allem gelang es ihm, das Gefühl zu vermitteln, dass, wie man sagt, Gefahr im Verzug sei, d. h., dass augenblicklich und ohne lähmendes Nachdenken gehandelt werden müsse. Die Volkstribunen hatten über nichts weiter als Sicherheitsmaßnahmen für die erste Sitzung im neuen Jahr beraten lassen wollen. Cicero dagegen: «Wir warten auf den ersten Januar – aber Antonius wartet nicht.» Und: «Für Opfer gibt es einen bestimmten Tag, nicht für Entscheidungen.»

Immerhin einer habe das Gebot des raschen Handelns erkannt, Octavian – der hier seinen glanzvollen Einzug in die römische Literatur hält: «Der junge Gaius Caesar, fast eher noch ein Knabe», habe «mit geradezu göttlicher Gesinnung und Tatkraft» auf dem Höhepunkt der von Antonius drohenden Gefahr, «obwohl wir dies nicht forderten, nicht daran dachten, ja es nicht einmal wünschten, da es unmöglich schien, aus dem unbesiegbaren Geschlecht der Veteranen ein kraftvolles Heer gerüstet und sein Vermögen ausgegeben – nein [...] zum Heil des Staates angelegt.» Darum müsse er – endlich – durch den Senat gestützt werden, wie Decimus Brutus.

Das Pathos des Vorwärtsdrängens und zugleich einer tödlichen Entschlossenheit erreicht seinen Höhepunkt am Ende der Rede, wo Cicero, wie so gerne, seine Gedanken theologisch überhöht: Die jetzige Lage, herbeigeführt durch «Caesar» und Brutus, sei ein letztes Geschenk der unsterblichen Götter an Rom, das es zu nutzen gelte. «Verschlafe» man diese Chance, werde man die schmählichste Tyrannei zu erdulden haben. Und dann spricht er ein wider Willen prophetisches Wort: «Wenn aber schon – die Götter mögen dies Omen abwenden – das Schicksal dem Staat die letzte Stunde bringen sollte, dann wollen wir es halten wie edle Gladiatoren, die in Schönheit hinsinken.» Tragische Ironie (S. 118).

Vorläufig aber brachte diese Senatsrede, der am selben Tag noch eine Volksrede folgte, Cicero den spektakulärsten Erfolg, den er als Redner je erreicht hat. Es gelang ihm ja, durch seine Anträge die fast unglaubliche Koalition zu schmieden zwischen einem Senat, der großenteils aus alten Caesarianern bestand, den «Befreiern», die Caesar erschlagen hatten (vertreten zunächst durch Decimus Brutus), und schließlich dem jungen Caesarerben Octavian. Mehr als ein halbes Jahr sollte Cicero dieses widernatürliche Bündnis zusammenhalten.

Rede ist für Cicero nie nur Politik, immer auch Literatur. So unglaublich es klingt: Sowohl diese als auch die folgenden Reden, in denen Cicero nun vier Monate lang Senat und Volk gegen Antonius einschwört, sind zugleich immer auch Dokumente für die Auseinandersetzung mit seinen literarischen Kritikern. Auch mit diesen Reden wollte Cicero zeigen, dass er, und nicht einer von ihnen, der römische Demosthenes sei (vgl. S. 85). Wie jener größte Redner die Athener in seinen «Philippischen Reden» (*Philippikoi logoi*) zum Kampf gegen Philipp von Makedonien aufgerufen hatte, so wollte nun Cicero in ebenso benannten *Philippicae orationes* Antonius als erbarmungslos zu bekriegenden Staatsfeind hinstellen. Alle wichtigen Motive des Demosthenes erscheinen schon in der Senatsrede vom 20. Dezember und werden dann in den späteren Reden immer wieder variiert: z. B. dass Antonius kein Mitbürger (*civis*), sondern ein Feind (*hostis*) sei; dass es um den Kampf zwischen Freiheit und Tyrannei gehe; dass die Freiheit kostbarer sei als selbst das Leben ...

Die Forschung hat plausibel machen können, dass Cicero nur die als «*Philippicae* 3–14» überlieferten Reden unter diesem Titel, also als *Philippicae* 1–12, veröffentlicht hat. Cicero hat sie zunächst meist einzeln «publiziert», d. h. Freunden zur eventuellen Weiterverbreitung übersandt. Erst nach dem vorläufigen Sieg von Mutina (Modena) am 21. April 43 hat er zwölf sorgsam ausgewählte Reden unter dem demosthenischen Titel als Zyklus herausgegeben, sein letztes – und vielleicht überhaupt sein schönstes, künstlerisch geschlossenstes Werk.

Am Anfang des Zyklus stehen die beiden Reden, die Cicero am 20. Dezember 44 gehalten hat. Mit ihnen sind, wie es auch später immer wieder heißt, «die Grundlagen für den Staat ge-

legt worden». Die folgenden zehn Reden gehören dann in die
ersten vier Monate des neuen Jahrs 43, wo sich Cicero unter
den neuen Consuln, A. Hirtius und C. Vibius Pansa, leichter
durchsetzen konnte als vorher. Sie zerfallen nach der Schluss-
redaktion in zwei Zyklen zu je fünf Reden, die jeweils durch
eine Totenehrung abgeschlossen werden. Im ersten Binnenzyklus, also den Reden 3–7 (= «Phil. 5–9»), geht es durchweg
um eine Gesandtschaft, die zu Antonius geschickt wird, der
den Decimus Brutus in Mutina belagert. Cicero scheitert zwar
mit seinem heftigen Widerstand gegen diese Gesandtschaft am
4. Januar, dringt aber dafür durch mit einem anderen Antrag:
Der junge Caesar erhält ein proprätorisches Imperium.

Während der Abwesenheit der Gesandten, nach Mitte Januar, überbrückte Cicero die Pause durch eine nach allen Regeln
der Rhetorik komponierte Grundsatzerklärung («Phil. 7»): warum ein Friede mit Antonius erstens schimpflich, zweitens gefährlich, drittens unmöglich sei. Ihre Quintessenz ist sprichwörtlich geworden in der Form: *Si vis pacem, para bellum* (Wenn du
Frieden willst, rüste zum Krieg). – Die zurückgekehrten Gesandten werden am dritten Februar von Cicero heftig gerüffelt, ebenso der Senat, der sich zu keiner klaren Kriegserklärung hat auf-
raffen können («Phil. 8»). Die letzte Rede dieses Binnenzyklus
gilt dann dem Antrag auf eine Ehrenstatue für den auf der Ge-
sandtschaftsreise verstorbenen Sulpicius Rufus, Ciceros alten
Freund, den er mit warmen Worten würdigt («Phil. 9»).

Im zweiten Binnenzyklus («Phil. 10–14») steht Militärisches
im Vordergrund. Mit den ersten beiden Reden öffnet sich der
Horizont zum Osten: Cicero versucht, die beiden Caesarmörder
M. Brutus und C. Cassius Longinus in eine globale militärische
Koalition gegen Antonius einzubinden. Brutus hatte, ermuntert
durch den 20. Dezember, durch eigenmächtig geworbene Truppen die Provinzen Makedonien und Illyricum in seine Hand gebracht. Als Mitte Februar davon Nachricht an den Senat gelang-
te, setzte Cicero durch, dass Brutus offiziell mit dem militärischen
Schutz der Provinzen betraut wurde («Phil. 10»). Keinen Erfolg
hatte Cicero dagegen mit der folgenden Rede («Phil. 11»). Dolabella, sein früherer Schwiegersohn, hatte den Statthalter von

Achaia, Trebonius, einen der Caesarmörder, grausam ermordet und war darum vom Senat zum Feind erklärt worden. Hier versuchte nun Cicero, vergeblich, zu erreichen, dass Cassius, der Syrien auf eigene Faust usurpiert hatte – Cicero bemühte das Naturrecht –, mit dem Oberbefehl gegen Dolabella betraut wurde.

Zurück nach Italien. In der folgenden («12.») Philippica von Anfang März geht es noch einmal um eine Gesandtschaft. Am 20. März hören wir (in «Phil. 13») einmal im Originalton den Feind: Cicero verliest und kommentiert einen polemischen Brief des Antonius an Consul Hirtius und an Octavian – der aber mehr für deren caesarianisch gesinnte Soldaten bestimmt war. Darin wurde Octavian der Vorwurf gemacht, dass er seine Soldaten über die Kriegsziele getäuscht habe: So würden jetzt die künstlich entzweiten Caesarianer von Cicero wie von einem *lanista* (Gladiatorentrainer) gegeneinander gehetzt! Ein frappantes Bild für diesen paradoxen Krieg.

Der Zyklus schließt – nicht mit dem Endsieg bei Mutina, sondern mit einer am Tag dieses (noch nicht gemeldeten) Siegs, am 21. April, gehaltenen Senatsrede, aus Anlass des erst vorentscheidenden Siegs bei Forum Gallorum. Noch ganz im Sinne einer demosthenischen «Philippika» warnt Cicero hier davor, den Krieg vor der endgültigen Befreiung des Brutus in Mutina für beendet anzusehen. Grandios ist seine Würdigung der Gefallenen, in der zum vielleicht einzigen Mal die Topoi der attischen Kriegergedenkrede in lateinischer Sprache erscheinen. Ciceros abschließender Antrag auf ein Dankfest (*supplicatio*) und ein Ehrenmal für die Toten ist sein letztes literarisches Wort und stellt zugleich eine der längsten Satzperioden der lateinischen Literatur dar. Dabei ist jedes Wort wie in Stein gehauen. – War das schon der letzte Akt?

Vierter Akt: Die Peripetie (21. April – 19. August 43)

Die Schlacht bei Mutina, durch die Decimus Brutus befreit wurde, schien zunächst zwar die Entscheidung zu bringen. Doch wurde die Siegesfreude sogleich dadurch getrübt, dass beide Consuln, Hirtius und Pansa, umkamen und dass Antonius mit einem Teil seines Heers entkommen konnte. «Erst wenn Antonius erledigt ist, ist auch der Krieg zu Ende», schärfte Cicero nun seinen weltweiten Briefpartnern ein. Schon seit dem Herbst 44 hatte er ja versucht, durch private Korrespondenz die Statthalter aller Provinzen auf den Krieg gegen Antonius einzuschwören. Aktuell die wichtigsten waren L. Munatius Plancus, der Statthalter des diesseitigen Gallien, und der Statthalter der Gallia Narbonensis (Provence), M. Aemilius Lepidus, ein Mann, für den Cicero im Januar eine vergoldete Reiterstatue beantragt hatte.

Gerade mit diesem umsonst Geehrten begann nun der Zerfall des Bündnisses. Am 29. Mai vereinte Lepidus seine Truppen mit denen des zu ihm gekommenen Antonius – um des Friedens willen, versicherte er noch scheinbar loyal. Einen Monat brauchte der Senat, um ihn, wie Ende April schon Antonius, am 30. Juni zum Feind zu erklären: Decimus Brutus, Plancus und Octavian wurden mit der Kriegsführung gegen ihn betraut. Aber würde der Caesarsohn neben dem Caesarmörder im Feld stehen wollen?

Die berechtigten Zweifel, die Cicero Octavian gegenüber im November 44 gehabt hatte, äußerten sich wieder in einem Brief, den er schon am 21. April an Marcus Brutus schrieb, wobei er aber immer noch glaubte, den «Knaben» bei der Stange halten zu können. Brutus dagegen beklagte sich im Mai bitter darüber, dass Cicero allzu unterwürfig den jungen Caesar um Wohlwollen für die Caesarmörder gebeten habe: Cicero sei offenbar «nicht vor dem Despoten (*dominus*) geflohen, sondern habe sich nur einen freundlicheren Despoten gesucht». In einem Brief an Atticus schrieb Brutus gar, Cicero habe damit die eigene Philosophie verraten.

Schon im Juni begann der neunzehnjährige Octavian eines der vakanten Consulate für sich zu verlangen. Cicero versuchte es ihm auszureden, hintertrieb es auch im Senat. Dringender wurde die Forderung, als man Octavian dann im Juli gegen Lepidus benötigte. Cicero schwieg jetzt im Senat, der wiederum ablehnte. Ende Juli erschienen im Senat selbst, man denke, vierhundert Centurionen Octavians, die auch gleich noch die Aufhebung der Ächtung des Antonius verlangten! Das war die Peripetie. Als einer der Centurionen sein Schwert zückte und ausrief: *Hic faciet, si vos non feceritis* (Dieses wird's machen, wenn ihr es nicht macht), hatte der zukünftige Friedenskaiser Augustus bereits die Grundlage seiner späteren, auf dem Militär beruhenden Herrschaft gelegt. Nach dem Abzug seiner Centurionen marschierte er mit dem Heer gegen Rom. Muss man nicht glauben, dass er längst mit dem Feind Antonius im Bunde war? Sogar Cicero hatte im letzten, ergreifenden Brief (an Marcus Brutus), der uns von ihm erhalten ist, daran gezweifelt, ob er für das einstehen könne, was er versprach, als er sich dem Staat für den «Knaben» verbürgte.

Als Octavian mit bewaffneter Leibgarde in Rom einzog, musste ihn, nach anderen, auch Cicero begrüßen. Ihn empfing Octavian mit dem etwas verlegenen Wort: «Da kommt ja der letzte meiner Freunde.» Am 19. August wurde er zusammen mit seinem Vetter Q. Pedius zum Consul gewählt. Schon unter den ersten Gesetzesanträgen der neuen Amtsinhaber betraf einer die Einrichtung eines Gerichtshofs gegen die Caesarmörder. Die von Cicero am 20. Dezember 44 geschmiedete Koalition war damit nach acht Monaten sichtbar am Ende. Der endgültig letzte Akt des Dramas konnte keine Überraschungen mehr bringen.

Fünfter Akt: Der Rest ist Schweigen
(19. August – 7. Dezember 43)

Es war nur eine Frage der Zeit, dass auch die Ächtungen des Antonius und des Lepidus aufgehoben wurden: Plancus, der Cicero immer seine Loyalität versichert hatte, ging sogleich zu Antonius über, ebenso der Statthalter des jenseitigen Spaniens. Decimus Brutus wurde bald von einem dienstfertigen Gallier umgebracht. Schon Ende Oktober kam es in der Nähe von Bononia (Bologna) zur offiziellen Absprache zwischen Octavian, Antonius und Lepidus, die sich zu Triumvirn (*tresviri rei publicae constituendae*, Dreimänner zur Herstellung des Staates) einsetzten und nach dem Vorbild Sullas die Liquidierung ihrer Gegner durch Proskriptionen beschlossen. Caesars berühmte

«Milde» hatte sich ja, wie man sah, nicht bewährt. Nun sollte gemeinsame Grausamkeit die neuen Partner zusammenschweißen: Antonius und Lepidus mussten je einen Verwandten opfern, Octavian aber den Mann, dem er, außer seinem Namen «Caesar» und seinem Geld, fast alles verdankte und den er «Vater» genannt hatte: Cicero. «So zeigten sie», sagt Plutarch, «dass kein Tier bestialischer ist als der Mensch, wenn zu seiner Leidenschaft auch noch die Macht hinzutritt.» Immerhin soll sich Octavian für seine Zustimmung zu dieser Bestialität eine Schamfrist von drei Tagen erwirkt haben.

Von Ciceros letzten Monaten, die er auf seinen Gütern zubrachte, wissen wir fast nichts mehr. Sein Tod aber lässt ihn dann so tapfer erscheinen, wie er selbst es gewünscht hatte. Als die Häscher sich der Sänfte näherten, in der seine Diener ihn tragen, lässt er diese niedersetzen, verbietet Widerstand, schiebt den Vorhang beiseite, streckt den Kopf aus dem Fenster – und lässt ihn abhauen. Das war der Gladiatorenmut, den er am verhängnisvollen 20. Dezember gefordert hatte (S. 112): Der Gladiator, Vorbild römischer Tapferkeit, fällt ja gerade nicht im Kampf, sondern bietet sich selbst, wenn verlangt, der Tötung dar. Cicero soll aber auch da noch die Geistesgegenwart für ein letztes Bonmot gehabt haben. Als er die Hand seines Mörders zittern sah, sagte er: *Quid si ad me primum venissetis?* «Wieso? Ich bin doch nicht euer Erster.» Bald darauf waren sein Haupt und die Hände, welche den Vortrag der Philippiken begleitet und sie dann niedergeschrieben hatten, auf der Rednerbühne in Rom ausgestellt. Fulvia, die Frau des Antonius, soll persönlich die Zunge des Verhassten mit ihrer Nadel durchbohrt haben.

Der Historiker Livius, dem wir den wertvollsten Bericht über Ciceros Ende verdanken, fügt einen Nekrolog hinzu, in dem er Cicero vor allem als moralische Persönlichkeit würdigt und sich dabei, unter Kaiser Augustus schreibend, um lauwarme Objektivität bemüht: «[...] In der Dauer seines Glücks wurde er bisweilen von Schlägen getroffen, vom Exil, vom Untergang der Partei, für die er gestanden hatte, vom Tod seiner Tochter, von seinem eigenen schrecklichen und bitteren Ende. Nichts von diesen Widerwärtigkeiten ertrug er so, wie es sich für einen

Mann gehört hätte – bis auf seinen Tod. [...] Wenn man aber Tugenden und Fehler abwägt, dann war er doch ein großer und denkwürdiger Mann. Und um ihn recht zu loben, hätte man einen Cicero als Lobredner gebraucht.»

Epilog

Mit dieser Pointe wird sich ein heutiger Betrachter nicht zufrieden geben. Und was ist mit Ciceros politischer Leistung? Ist er nicht mit all seinem Einsatz immer wieder und besonders am Ende kläglich gescheitert? Und war das nicht auch gut so? Hatte sich nicht die von ihm verteidigte alte Senatsrepublik überlebt, die auf einen Stadtstaat, nicht auf ein Weltreich zugeschnitten war?

Als Philologe maße ich mir nicht an, das Problem zu lösen, ob wirklich nur eine Monarchie caesarischen oder augusteischen Zuschnitts fähig war, das römische Weltreich noch zu organisieren. Ich denke aber an das große, demokratisch regierte Nordamerika (das freilich über die modernen Möglichkeiten der Kommunikation verfügt) und stelle immerhin fest, dass die heute fast selbstverständliche Meinung über die historische Notwendigkeit der römischen Monarchie in der Antike durchaus unüblich war, laut Tacitus nur gerade von Kaiser Galba vertreten wurde – den Tacitus selbst für beschränkt hielt. Und jedenfalls Caesar wie Augustus waren doch zunächst und vor allem begnadete Machtmenschen, ohne tiefere Pläne globaler Beglückung. Es ehrt Cicero, dass er dem einen weithin Widerstand geleistet hat; dass er sich von dem anderen hat täuschen lassen, ist nicht unbegreiflich. Augustus war ja doch der erfolgreichste Römer zwischen Romulus und Constantin.

Sonst hat Cicero wohl nur dreimal gründlich geirrt, das Falsche getan und bereut: als er im Jahr 58 vor Clodius unnötig in die Knie ging (S. 43), als er im Jahr 56 glaubte, zwischen Pompeius und Caesar einen Keil treiben zu können (S. 49), als er im Jahr 48 nach Pharsalos vorschnell die pompeianische Partei im Stich ließ (S. 75). Im Übrigen hat er oft gegen andere das Richtige gesehen: die vielfach geleugnete Gefährlichkeit Catilinas,

die oft bezweifelte Staatsloyalität des Pompeius, die unterschätz-
ten Dictaturgelüste des Antonius.

Darf man also sagen, wie oft geschehen, dass Cicero als Philosoph und Intellektueller die Realitäten der Politik nicht habe
sehen können oder wollen? Cicero bemängelt ebendiesen Fehler
in der Tat einmal an seinem Mitstreiter, ja Mitphilosophen
(S. 12) Cato: Dieser mache Politik, als lebe er «in Platons Idealstaat» und nicht «in der Hefe des Romulus». Aber darin war er
sich doch mit Cato einig, dass an das politische Handeln vor
allem moralische Maßstäbe anzulegen seien. Seit er sich als ganz
junger Mann entschlossen hatte, in seinem Leben Platons Ideal
des Philosophenkönigs zu verwirklichen (S. 11), galt für ihn zumindest immer das Eine: dass das sittlich Gute (*honestum*) den
Vorrang haben müsse vor dem platt Nützlichen (*utile*) (S. 73).
Nur in den Jahren nach der Konferenz von Luca ist er, zu seinem eigenen Missbehagen, davon abgewichen (S. 51).

Und sein Scheitern? Hier unterscheidet sich allerdings das populäre Urteil vieler Historiker, für welche die «Weltgeschichte
das Weltgericht» ist (Schiller), von dem der Philosophen. Nie
hätte Cicero einen Tyrannen wie Caesar als erfolgreich ansehen
können, der nicht einmal «den Schatten des sittlich Guten»
kannte (S. 72, vgl. S. 42) und im Laufe seines Lebens am Tod
von über einer Million Menschen schuld war. Im Übrigen war
Caesar, den man so gern als politisches Genie feiert, letztlich
auch im äußeren Sinn nicht gar so erfolgreich; sonst hätte er
rechtzeitig vor den Iden des März gespürt, wie er sich den Besten des Volks und sogar diesem selbst in seinem Selbstvergötte-
rungswahn entfremdet hatte (S. 81). Nie hat Cicero, bei all seiner Eitelkeit, so sehr den Boden unter den Füßen verloren.

Wenn wir Erfolg nicht am Maßstab der Macht, sondern, nach
Ciceros Kategorien, an der Leistung für die *res publica* messen,
sieht seine Bilanz, auch ganz äußerlich gesehen, beachtlich aus:
Als Quaestor und als Proconsul in Kilikien hat er segensreich
zum Wohl römischer Provinzen gewirkt; als Consul hat er, besonders durch seine geschickte Behandlung des Volks, einen vorbildlichen inneren Frieden erreicht. Zu bedauern ist vor allem,
dass seine Bemühungen um den Frieden im Jahr 49 (S. 72) und

sein Appell an den Dictator Caesar im Jahr 46 erfolglos waren (S. 78); und geradezu verhängnisvoll war, dass die erfolgreichste Leistung seiner Redekunst (S. 112) ausgerechnet Octavian, dem Totengräber der freien Republik, zugute kam.

Bedenklicher als dieser äußerlich fatale Misserfolg ist aber wohl, dass Cicero in dieser letzten, größten Zeit die philosophisch fundierte Lehre vom Naturrecht (S. 64) so strapazierte, dass ihm unter Missachtung aller Legalität «alles, was für den Staat heilsam ist, auch gesetzlich und gerecht» schien («11. Philippica»). Seine Philosophie hat zwar Cicero keineswegs blind gemacht für die Realität, doch hier hat sie es ihm erleichtert, in verhängnisvoller Weise vom Recht abzuweichen.

Die Philosophie, die als Grundbass seines Lebens tönt, gewinnt für Cicero im Laufe der Zeit eine vierfache Bedeutung. Zunächst ist sie ihm im Sinne der «Neuen Akademie» eine unentbehrliche Schulung des Geistes, die ihn vor allem davor bewahren soll, Falsches unbedacht für richtig zu halten (S. 18). Sie wird ihm dann im Sinne des Akademiegründers Platon zu einer in der Politik zu verwirklichenden Lebensaufgabe (so noch im Prooemium von *De re publica*, S. 59, vgl. S. 11). Dann wird ihm aus der eigenen rednerischen Praxis bewusst, wie wertvoll philosophische Gedanken sind, um auch eine weniger gebildete Hörerschaft zu beeindrucken (so in *De oratore*, S. 57). Schließlich entdeckt er, aber erst in den Jahren der Dictatur Caesars (S. 89), welche Kraft auch der individuellen Lebensbewältigung in der Philosophie steckt. Dass freilich sein eigenes früheres Verhalten im «Exil» (S. 44) und nach Pharsalos (S. 75) eines solchen Philosophen unwürdig war, hat man zu Recht oft beklagt.

Auf jeden Fall aber dürften die philosophischen Schriften seiner zwei vorletzten Lebensjahre, beginnend mit den *Academici libri*, doch wohl das inhaltlich Wertvollste sein, was dieser Meister des Worts hinterlassen hat. Sie enthalten ja nicht nur die ganzen Schätze der hellenistischen Philosophie, die uns sonst großenteils verloren wären; sie haben nicht nur das Verdienst, die lateinische Sprache für alle Feinheiten theoretischer Diskurse aufbereitet und sie mehr als anderthalb Jahrtausende lang, bis zur Kulturrevolution des 18. Jahrhunderts, zum unentbehr-

lichen Medium von Erkenntnis und Wissenschaft gemacht zu
haben; in ihnen werden die zeitlosen Fragen des Menschseins,
von der Möglichkeit des Erkennens bis zu der der sittlichen Entscheidung, in sorgfältiger, verständlicher Diskussion bis in ihre
Details erörtert. Die früheren, künstlerisch sicherlich anspre-
chenderen Dialoge – von den herrlichen Reden ganz zu schweigen – blieben immer noch in den Mauern des alten Rom beschlossen. In diesen letzten Werken aber hat Cicero auch die
Tore zur Menschheit, zu uns, aufgestoßen: *urbi et orbi*. Wer
Ciceros philosophischen Schriften den Vorwurf macht, es fehle
ihnen die denkerische Originalität, hat weder sein Anliegen
noch, meine ich, das der Philosophie, jedenfalls der antiken Philosophie, verstanden.

Und doch ist es kein Zufall, dass Ciceros Name heute im «Cicerone», dem Inbegriff südländisch sprudelnder Beredsamkeit,
fortlebt, dass man bei Ciceronianismus an die Sprachgewalt,
nicht an eine politische oder philosophische Haltung denkt.
Auch wenn Cicero selbst, wie wir erfahren, die Rhetorik nur als
Werkzeug, die Philosophie aber als seine eigentliche Aufgabe an-
gesehen hat (S. 12), so hat er doch wie kein anderer gezeigt, welche überragende Wichtigkeit die *eloquentia*, die Kunst der Sprache, für den Politiker, der Menschen gewinnen, wie für den Philosophen, der sie belehren will, besitzt. An sie vor allem denkt
er, wenn er von den Disziplinen spricht, die den Menschen zu
der *humanitas* formen, die in sich Menschlichkeit und Geistes-
bildung vereint (*Pro Archia*); sie ist ihm unentbehrlich, um Menschen verantwortlich zu leiten (*De inventione*); und durch die
Fähigkeit, das Gedachte allen verständlich zu machen, «krönt
sie sogar die Künste der Philosophen» (*De oratore*). Durch seine
eloquentia hat Cicero es erreicht, dass die Sprache des kleinen
Latium der Literatur- und Weltsprache Griechisch ebenbürtig
und in späteren Jahrhunderten zur gemeinsamen Sprache Euro-
pas wurde. Und so hat sein prominentester Gegner und Bewun-
derer, Caesar, nicht ohne Grund von ihm gesagt: Cicero habe
um so viel mehr für Rom geleistet als alle Feldherren mit ihren
Triumphen, «als es mehr ist, die Grenzen des römischen Geistes
erweitert zu haben, als die des römischen Reiches».

Ausgewählte Literaturhinweise

Ciceros **Leben** ist seit Plutarch oft beschrieben worden. Unter den neuzeitlichen Cicerobewunderern sei zuerst genannt Conyers Middleton, *The Life of Marcus Tullius Cicero*, 3 Bde., London 1741, ²1801 (etwa 1300 Seiten). Im extremen Gegensatz dazu steht die vernichtende moralische Abwertung durch Wilhelm Drumann (*Geschichte Roms* [...], zuerst 1841/1844; 2. Aufl. hg. von Paul Groebe, Bd. 5, 230–697, Bd. 6,1–604, Leipzig 1919/1929, ND 1964: immer noch wertvoll!), die auch Theodor Mommsens berühmte Ciceroschelte (*Römische Geschichte* [1856], Bd. 3, Berlin ⁸1889, 619 ff.) beeinflusst hat. Vor allem, wenn man, Hegel folgend, in Caesar einen «Geschäftsführer des Weltgeists» sah, musste Cicero verblassen. Das geht noch bis zu der wertvollen, gut dokumentierten Biographie von Matthias Gelzer, *Cicero, ein biographischer Versuch*, Wiesbaden 1969 (eine Bearbeitung des *RE*-Artikels, 1939, vgl. oben S. 8). Ihm folgt die populärere Darstellung von Manfred Fuhrmann, *Cicero und die römische Republik*, München/Zürich 1989, ⁴1994. Gelzers Konzept eines letztlich unpolitischen Cicero wurde geistreich weiter gedacht von Christian Meier, in: *Die Ohnmacht des allmächtigen Dictators Caesar*, Frankfurt/M. 1980, 101–222. Wichtige Korrekturen bringt das informative Buch von Christian Habicht, *Cicero der Politiker*, München 1990. Von den vielen englischsprachigen Biographien ist besonders detailliert Thomas N. Mitchell, *Cicero, the ascending years*, New Haven/London 1979; und ders., *Cicero the senior statesman*, a. O. 1991. Neuere Gesamtdarstellungen: Klaus Bringmann, *Cicero*, Darmstadt 2010; Wolfgang Schuller, *Cicero oder Der letzte Kampf um die Republik*, München 2013.

Eine **umfassende Einführung** auch in das literarische Werk gab Otto Plasberg, *Cicero in seinen Werken und Briefen*, Leipzig 1926, ND 1962; vgl. auch Marion Giebel, *Cicero mit Selbstzeugnissen und Bilddokumenten*, Reinbek 1977, ¹⁵2004. Ein originelles Lebensbild vor allem des Privatmanns zeichnet D. R. Shackleton Bailey, *Cicero*, London 1971. Um Tiefgang bemüht ist Karl Büchner, *Cicero: Bestand und Wandel seiner geistigen Welt*, Heidelberg 1964. Nützlich: Jürgen Graff, *Ciceros Selbstauffassung*, Heidelberg 1963. Noch brauchbar ist der (oben S. 8) erwähnte Artikel der *Realencyclopädie* von M. Gelzer, W. Kroll, R. Philippson, K. Büchner (*RE* VII A 1 [1939] 827–1274), dazu kam in der *RE* (Suppl. XIII [1973]) ein Beitrag von Michael v. Albrecht, jetzt bearbeitet: *Cicero's style*, Leiden/Boston 2003.

Eine Gesamtwürdigung von Ciceros **Reden** steht aus. Die beste Einführung zu den Gerichtsreden geben Jonathan Powell/Jeremy Paterson in: *Cicero the Advocate*, Oxford 2004. Zum sachlichen Verständnis: M. C. Alexander, *The Case for the Prosecution in the Ciceronian Era*, Ann Arbor 2002. Populär ist die Einleitung zur Gesamtübersetzung der Reden von Manfred Fuhrmann, 7 Bde., Zürich/Stuttgart bzw. Zürich/München 1970–1982 (teilweise 2. Aufl. 1982–1985); vgl. auch Wilfried Stroh, «Worauf beruht die Wirkung ciceronischer Reden?» (zuerst 1992), in: W. St., *Apocrypha*, Stuttgart 2000, 43–63. Einzelinterpretationen: ders., *Taxis und Taktik*, Stuttgart 1975; Carl Joachim Classen: *Recht – Rhetorik – Politik*, Darmstadt 1985; Ulrich Manthe/ Jürgen von Ungern-Sternberg, *Große Prozesse der römischen Antike*, München 1997. Gründliche Analysen gibt Claude Loutsch, *L'exorde dans les discours de Cicéron*, Brüssel 1994. Zur Methodik der Interpretation: Christoff Neumeister, *Grundsätze der forensischen Rhetorik gezeigt an Gerichtsreden Ciceros*, München 1964. Neuere Literatur verzeichnet James M. May (Hg.), *Brill's Companion to Cicero: Oratory and Rhe-*

toric, Leiden 2002. – Viele Reden sind zweisprachig erschienen im Reclamverlag; einige auch bei Artemis.

Einführendes zu den **Rhetorica** enthalten die Sammelbände *Éloquence et rhétorique chez Cicéron*, Genf 1982 und *Brill's Companion* (s. oben). Überragend: Karl Barwick, *Das rednerische Bildungsideal Ciceros*, Leipzig 1963. Zum Hintergrund: Manfred Fuhrmann, *Die antike Rhetorik*, München/Zürich 1984, ⁴1995. Zweisprachige Ausgaben aller rhetorischen Schriften sind vorhanden im Artemis-Verlag.

Einen wunderbaren Zugang besonders zu den **Philosophica** eröffnet Th(addaeus) Zielinski, *Cicero im Wandel der Jahrhunderte*, Leipzig/Berlin 1897, ⁴1929, ND 1973. Sonst zu empfehlen: Wilhelm Süss, *Cicero: Eine Einführung in seine philosophischen Schriften*, Wiesbaden 1966. Die Forschung erschließen Günther Gawlick/Woldemar Görler, «Cicero», in: Hellmut Flashar (Hg.), *Die Philosophie der Antike*, Bd. 4/2, Basel 1994, 991–1168. Vgl. Jürgen Leonhardt, *Ciceros Kritik der Philosophenschulen*, München 1999. Einzelaufsätze: Jonathan G. F. Powell (Hg.), *Cicero the Philosopher*, Oxford 1995. Zu einzelnen Werken: Richard Heinze, «Ciceros ‹Staat› als politische Tendenzschrift» (zuerst 1924), in: *Vom Geist des Römertums*, Stuttgart ³1960, 141–159 (bahnbrechend); Viktor Pöschl, *Römischer Staat und griechisches Staatsdenken bei Cicero*, Berlin 1936, ND 1962 (bes. zu Platon); Klaus Bringmann, *Untersuchungen zum späten Cicero*, Göttingen 1971; Hermann Strasburger, *Ciceros philosophisches Spätwerk als Aufruf gegen die Herrschaft Caesars*, Hildesheim u. a. 1990. Auch von den Philosophica gibt es neue zweisprachige Ausgaben im Artemis-Verlag, z. T. auch bei Reclam.

Ciceros **Briefe** wurden den deutschen Lesern erschlossen durch die kommentierte Übersetzung von Christoph Martin Wieland, Stuttgart 1814. Wertvolle zweisprachige Ausgaben des Spezialisten D. R. Shackleton Bailey sind vorhanden in der Loeb Classical Library. Immer noch nützlich ist die chronologisch geordnete Ausgabe mit Kommentar von Robert Y. Tyrrell/Louis C. Purser, 7 Bde., Dublin/London ²1885–1901. Zur literarischen Würdigung: C. O. Hutchinson, *Cicero's Correspondence*, Oxford 1998.

Zur **Wirkungsgeschichte**, neben Zielinski (s. oben): Remigio Sabbadini, *Storia del ciceronianismo* […], Turin 1885; Carl Becker, «Cicero», *Reallexikon für Antike und Christentum* III (1957), 86–127 (Antike); Bruno Weil, *2000 Jahre Cicero*, Zürich/Stuttgart 1962; Peter Lebrecht Schmidt, *Traditio Latinitatis*, Stuttgart 2000 (Aufsätze).

Zeittafel

um 385 v. Chr.	Begründung der Akademie durch Platon (428–348/49)
322	Tod des Aristoteles (geboren 384), Gründer des Peripatos
Ende 4. Jh.–3. Jh.	Blütezeit der hellenistischen Philosophie (Epikur, Zenon, Chrysipp)
241/240	Tod des Arkesilaos, Begründer der «Neuen» Akademie (Skepsis)
3. Jan. 106	Cicero in Arpinum geboren
89–88	Militärdienst Ciceros
ab 88	Philon von Larissa (159/58–84/83), Vertreter der «Neuen» Akademie, in Rom: Ciceros Lehrer
82–79	Diktatur Sullas
vor 81	*De inventione*
81–80	Erstes Auftreten Ciceros als Gerichtsredner:

81	*Pro Quinctio*
80	*Pro S. Roscio Amerino*
79–77	Philosophischer Studienaufenthalt Ciceros in Athen (bei Antiochos von Askalon, Neubegründer der «Alten» Akademie); rhetorische Studien in Kleinasien und auf Rhodos (bei Molon)
77?	Heirat Ciceros mit Terentia
75	Quaestur in Lilybaeum (Sizilien)
72?	*Pro Caecina*
71	*Pro Tullio*
70	Verres-Prozess, Corpus *In Verrem*: *Divinatio, Actio I, Actio II 1–5*
69	Ädilität
	Pro Fonteio (unvollständig erhalten)
66	Praetur
	Pro Cluentio
	De imperio Cn. Pompei (= *De lege Manilia*)
63	Consulat
	De lege agraria I–IV (*IV* nicht erhalten)
	Pro Rabirio perduellionis reo (unvollständig erhalten)
	Pro Murena
	Putschversuch Catilinas, Reden *In Catilinam I–IV*
5. Dez. 63	Hinrichtung der Catilinarier nach Senatsbeschluss
62	*Pro Sulla*
	Pro Archia poeta
60	Erstes «Triumvirat» (Caesar, Pompeius, Crassus)
	De consulatu suo (Epos: verloren)
	Zyklusedition der *Orationes consulares*
58–57	Ächtung Ciceros auf Betreiben des Clodius; «Exil» in Griechenland
ab 4. Sept. 57	Cicero zurück in Rom, Reden *post reditum*:
57	*Oratio cum senatui gratias egit/Oratio cum populo gratias egit*
	De domo sua
56	*Pro Sestio/Interrogatio in Vatinium*
April 56	Erneuerung des «Triumvirats» auf der Konferenz von Luca
Mai/Juni 56	*De provinciis consularibus*
56	*De haruspicum responso*
55	*In Pisonem*
55–51	Erste rhetorisch-philosophische Schaffensperiode Ciceros:
55	*De oratore*
54–52	*De re publica* (unvollständig erhalten)
52–51	*De legibus* (nicht vollendet)
54	*Pro Plancio*
53	Tod des Crassus im Partherkrieg bei Carrhae;
	Wahl Ciceros zum Augur
52	Ermordung des Clodius durch Milo: *Pro Milone*
51–50	Statthalterschaft Ciceros als Proconsul in Kilikien
49–45	Bürgerkrieg zwischen Caesar und Pompeius bzw. den Pompeianern
7. Juni 49	Aufbruch Ciceros ins Lager der Pompeianer
48	Schlacht bei Pharsalos; Tod des Pompeius in Ägypten; Rückkehr Ciceros, Aufenthalt in Brundisium
49–44	Diktatur Caesars
Sept. 47	Begnadigung und Rückkehr Ciceros nach Rom

Personenregister